이 책에 쏟아진 찬사

　100세 시대, 한때는 먼 미래의 이야기처럼 들렸지만 이제는 우리의 현실입니다. 평생직장이라는 개념이 사라지고, AI 기술이 하루가 다르게 빠르게 발전하는 지금, 우리 아이들은 단순히 지식을 쌓는 것을 넘어 변화에 대응하는 능력을 길러야 합니다. 『열세 살 인생 게임』은 그 해답을 60년의 인생을 압축적으로 경험하는 방식으로 제시합니다. 실제 인생에서의 경제적 의사 결정을 직접 겪으며, 리스크를 관리하고, 스스로 선택하고 결정하는 능력을 키워 나갈 수 있도록 돕는 이 책이야말로 100세 시대를 살아갈 아이들에게 꼭 필요한 '미래 생존 가이드'입니다.

_ 김나영 · 양정중학교 교사, 2024 '저축·투자 부문' 대통령상 표창
『실험경제반 아이들』 시리즈 저자

　"어려운 것을 쉽게, 쉬운 것을 깊게, 깊은 것을 유쾌하게." 일본의 극작가 이노우에 히사시의 책상 앞에 붙어 있는 메모이자 5년간 재테크 채널을 운영하면서 제 마음속에 새겼던 문장입니다. 『열세 살 인생 게임』을 읽으며 다시 한번 저 문장을 떠올리게 됐습니다.
　금융이라는 어려운 주제를 초등학생의 눈높이에 맞춰 유쾌한 놀이처럼 풀어내면서도 교과서보다 훨씬 깊이 있다고 생각했거든요. 어쩌면 이 책은 아이들보다 어른들에게 더 필요한지도 모르겠습니다. '이것도 몰라?'라는 이야기를 들을까 봐 차마 어디에 묻지도, 검색하지도 못했던 금융 개념들을 '쉽고, 깊고, 유쾌하게' 전해 준 우리들의 첫 금융 교과서니까요.

_ 김짠부(김지은) · 68만 재테크 채널 〈공부짠부〉 유튜버

　인생은 짧습니다. 그리고 『열세 살 인생 게임』 속 아이들은 1년이라는 짧은 시간 동안 60년의 인생을 미리 경험합니다. 군 입대, 대학, 결혼과 투자 그리고 은퇴까지, 정말 흥미로운 설정이 아닐 수 없습니다. 게다가 단순한 투자 공부가 아니라 아이들이 직접 선택하고 결정하는 힘을 길러 준다는 점에서 더욱 의미가 큽니다. 특히 김지환 선생님의 따뜻한 목소리가 들리는 듯해 정겹습니다. 선생님의 열정적인 안내를 받으며 아이들은 부모의 손이 아닌 스스로의 선택으로 경제를 배웁니다.

경험만큼 좋은 공부는 없습니다. 직접 선택하고 결과를 마주하며 배우는 과정이야말로 진짜 경제 공부입니다. 『열세 살 인생 게임』을 통해 아이들이 자신의 미래를 설계하는 값진 시간을 가지길 바랍니다. '인생 게임'의 후반전도 무척 기대됩니다.

― **김형진** · 한국경제신문 경제교육연구소 차장

아이들이 올바른 돈 관리 습관을 갖도록, 선택의 순간에서 경제적 의사 결정을 잘할 수 있도록 돕는 것은 중요한 교육 목표입니다. 이 책, 『열세 살 인생 게임』은 경제 개념을 단순히 이론으로 전달하는 것이 아니라, 김지환 선생님이 실제 교실에서 경제 수업을 하며 겪은 흥미로운 에피소드를 통해 자연스럽게 익히도록 구성되었습니다.

아이들은 이 책을 읽으며 저축, 소비, 투자 같은 기본적인 경제 원리뿐만 아니라 삶의 흐름을 파악하고 자연스레 일상에서 경제적 사고력을 키우게 됩니다. 그래서 부모님과 선생님들께서도 아이들과 함께 읽으며 대화를 나누기에 좋은 책이라 생각합니다. 즐겁게 경제를 배우고 싶은 어린이라면 꼭 읽어 보길 추천합니다.

― **박민수** · 초등교사, 서울초등경제금융교육연구회 회장, 2022 대한민국경제교육 대상

무엇보다 기발합니다! 열세 살, 초등 6학년이 한 해 동안 열세 살부터 쉰여덟 살까지 압축된 삶을 산다니, 그것도 다양한 형태의 체험으로 말입니다! 보드판에 펼쳐진 인생 게임을 교실에서 경제 활동으로 만날 수 있도록 설계한 선생님의 기발함에 찬사를 보냅니다. 체험만 해도 특별한 경제 금융 교육에 라이프 사이클을 더한 구성은 모든 어린이들에게 큰 흥미와 재미를 줄 것이라 확신합니다.

이 책을 보며 기자 생활을 할 때, 뉴질랜드에 중학생 딸을 유학 보낸 한 아빠가 1년 동안 자녀가 만든 '나의 인생 노트'를 보여 주며 '선진 교육'을 자랑하던 모습이 떠올랐습니다. 그 노트에는 고등학교와 대학교 진학, 전공, 결혼, 자녀의 수와 자녀 이름, 직업, 여행, 은퇴까지 자신의 목표에 상상을 더해 만든 자세한 인생 이야기가 빼곡히 담겨 있었습니다. 그렇게 부러워하던 '미래 교육' 방법을 우리나라 초등학교 교실에서 만나다니! 특별한 경제 금융 프로그램에 열광적으로 참여하는 아이들과 선생님의 모습은 신선한 충격으로 다가옵니다. 이 책은 우리 아이들에게 미래에 필요한 금융 지식과 삶을 미리 만나서 경험하고 구상하는 소중한 기회가 될 것입니다.

― **박원배** · 어린이 경제신문 발행인

경제 교육은 돈으로 굴러가는 세상에서 온전한 시민이 되도록 하는 교육입니다. 우리는 이런저런 책과 영상들을 찾아 스스로 공부해 청약에 가입하고, 투자를 하며 이렇게 말합니다. "이런 걸 학교에서 가르쳐 줬어야 하는데!"

『열세 살 인생 게임』은 바로 그런 걸 가르쳐 주는 책입니다. 이 책을 읽는 친구들은 어떤 경제적 선택을 해야 할지, 어떤 인생을 살아야 할지 책장을 넘기는 매 순간 고민하게 됩니다. 그리고 고민 끝에서 친구들은 금융 지식을 바탕으로 한 단계 더 구체적인 꿈을 꾸게 됩니다. 이 책을 읽고 나니 실제로 지환 선생님과 학급 안에서 값진 경험을 하는 아이들이 더욱 부럽습니다. 오래 기다렸던 책이 나와 매우 기쁩니다. 어린이 독자들에게 적극 추천합니다!

_이성강 · 초등교사, 경기경제금융교육연구회 회장, 2024 대한민국경제교육 대상

금융은 참 어렵습니다. 경제와 회계에 수학까지 얽힌 데다, 때로는 탐욕과 떼려야 뗄 수 없기도 합니다. 그래서 신성한 교실에선 쉬이 다뤄지지 못해 왔습니다. 그로 인한 금융 교육의 부재는 소득과 자산의 불균형으로 이어져 삶의 불평등을 초래하는 지경에 이르렀습니다.

『열세 살 인생 게임』은 초등 교실에서 벌어지는 유쾌한 인생 행복 설계 프로젝트입니다. 선생님의 발칙한 상상과 아이들의 재치 있는 도전으로, 눈 깜짝할 사이 60년 인생이 교실이라는 세계 안에서 펼쳐집니다. 어려운 경제 개념들을 놀이처럼 직접 경험하며 하나하나 익히다 보면 어느새 아이들의 금융 지식은 무럭무럭 자라 있습니다. 그러니 사랑하는 내 아이를 '금융 똑똑이'로 키우고 싶다면, 지금, 이 교실의 문을 두드립시다.

_이혜정 · EBS 교육 전문 기자

우리는 살아가면서 끊임없이 선택과 책임을 마주합니다. 그리고 돈과 경제가 그 중심에 있습니다. 그러니 잘 알아야 최선의 선택을 할 수 있을 텐데, 제대로 배우기가 쉽지 않습니다.

『열세 살 인생 게임』은 그런 아쉬움을 눈 녹이듯 녹여 줍니다. 이 책은 아이들이 1년 동안 인생의 주요 순간들을 미리 체험하며 경제와 금융의 핵심 개념을 자연스럽게 익히도록 구성하고 있습니다. 고정지출 관리, 통장 쪼개기, 신용, 투자 원칙 등 실생활에 꼭 필요한 개념들을 재미난 이야기 속에서 쉽게 이해하고, 스스로 경제적 선택과

그에 따른 결과를 경험하게 합니다. 이를 통해 자연스럽게 돈에 대한 주도적인 관리 능력과 미래를 준비하는 경제적 사고방식을 갖추게 합니다. 돈과 삶을 균형 있게 이해할 수 있도록 돕는 『열세 살 인생 게임』이 많은 아이들에게 경제적 기초와 주체적인 사고를 키우는 기회가 되기를 기대하며, 적극 추천합니다.

_최형빈·토스뱅크 틴즈 팀 Product Operation Specialist

김지환 선생님이 처음 '13살의 노후 대비' 수업을 소개했을 때 깜짝 놀랐습니다. 어떻게 이런 상상을 했을까! 학생들은 매달 나이를 먹고, 그에 맞춰 군대도 가고, 대학도 가고, 투자도 하고, 심지어 결혼도 합니다. 아마 1년 동안 인생 전체를 경험하는 학생들은 김지환 선생님 반이 유일할 것입니다. 배우자의 소비 패턴이 마음에 들지 않아 볼멘소리를 하고, 배우자와 협의하며 투자도 하고, 은퇴 후 여유로운 노후를 경험하는 세계관은 독보적이라 할 수 있습니다. 보드게임보다 몇 곱절은 더 리얼한 『열세 살 인생 게임』으로 지환 선생님 반의 매력을 엿보길 바랍니다.

_천상희·경제금융교육연구회 회장, 『열두 살 실험경제반 아이들』 저자

제가 직장 생활을 처음 시작할 때 받은 월급이 100만 원이었습니다. 대학원생 시절, 중학생 과외를 하면서 받은 돈이 20만 원이었으니, 정말 큰돈이었습니다. 그러나 1년 후, 제 통장 잔액은 0원이었습니다. 예전부터 꿈꾸던 오디오 세트를 12개월 할부로 질렀기 때문입니다. 좋아하는 음악가의 작품을 들으니 너무 행복했습니다. 그런데 옆집에서 항의가 오더군요. 음악 소리가 너무 커서 울린다고 했습니다. 결국 스피커 대신 헤드폰을 사용하며 '잘못된 소비가 이런 거구나!' 하고 느꼈습니다.

제가 만일 김지환 선생님 반의 학생으로 『열세 살 인생 게임』을 경험했다면 훨씬 더 나은 출발을 하지 않았을까 생각해 봅니다. 특히 워런 버핏 이야기는 매우 감명 깊었습니다. 어릴 때는 스스로에 대한 투자가 가장 효과적인 투자라는 이야기를 들으니, 젊어서 대학원에 진학했던 게 괜찮은 선택이었던 것 같아 약간 위로가 되더군요. 많은 학생들이 『열세 살 인생 게임』을 읽고 자신이 꿈꾸는 인생을 위한 금융 설계를 하면 좋겠다는 바람을 가져 봅니다.

_홍춘욱·프리즘 투자자문 대표

* 일러두기
- 본문에 나오는 경제 용어들은 초등학생 눈높이에 맞췄습니다.
- 현장감을 살리기 위해 신조어 및 은어 등을 사용했습니다.

안 해 보면 진짜 진짜 위험한
열세 살 인생 게임

김지환 지음 · 최현주 그림

Little A

들어가며

전반전 게임을 시작합니다!

여러분 혹시 '인생 2회차'라는 말을 들어 본 적 있나요? 나이는 어리지만 인생을 두 번째 사는 것처럼 삶의 지혜나 노하우가 남다른 사람을 일컫는 말입니다.

만약 여러분이 인생을 두 번 살 수 있다면 어떨 것 같나요? 첫 번째 인생에서 했던 여러 실수와 경험을 바탕으로 두 번째 인생은 더 지혜롭고 멋지게 살 수 있지 않을까요?

선생님은 이렇게 여러분이 인생을 미리 살아 볼 수 있도록 초등학교 교실 속에 한 달에 다섯 살씩 나이 먹는 작은 세계를 만들었답니다. 그 세계에서 친구들과 함께 군 입대, 대학교 입학, 결혼, 투자, 은퇴처럼 실제 인생에서 결정해야 할 중요한 선택을 경험해 보는 거예요. 어떤 선택을 하느냐에 따라 교실 속 친구들의 인생은 달라집니다.

그리고 단순히 인생을 미리 살아 보는 것을 넘어 '돈'과 관련된 다양한 이야기를 나눠 볼까 합니다. 돈은 많은 친구들이 관심을 갖고 중요하게 생각하는 주제거든요!

이 책에서는 '인생 게임 전반전'을 다루고 있어요. 일단 인생 게임에 대한 소개글부터 천천히 읽어 볼 겁니다. 그런 뒤에는 본격적으로 강호와 친구들이 한 달에 다섯 살씩 나이를 먹으며 겪는 인생의 중요한 일들을 여러분도 함께 겪을 거예요. 이를 통해 다양한 금융·경제 개념들을 익히게 될 겁니다.

다음에 나올 '인생 게임 후반전'에서는 여전히 좌충우돌하는 강호와 친구들이 은퇴 후의 삶에 대비하기 위해 실패하지 않는 안전한 '투자법'을 배울 예정이에요. 하지만 그 전에 인생 게임 전반전을 먼저 통과해야 한답니다!

이제 인생 2회차를 위한 인생 게임을 시작해 볼까요?

김지환

<인생 게임> 참가자 소개

지환쌤

시간을 휘리릭 빨리 감는 수상한 담임선생님!
아이들에 대한 넘치는 애정과 개구쟁이 같은 장난기를 가지고 있다.
엄청난 행동력과 추진력으로 세상에 둘도 없는 '인생 게임'을 만들어 낸다.

강호

'돈'에 대해 잘 모르지만, 자꾸 관심이 가고 부자도 되고 싶다.
매사 고민이 많으며, 간혹 행동이 충동적일 때가 있다.
하지만 인생 게임을 통해 차츰 생각도 깊어지고, 행동도 달라진다.

동현
엄친아. 잘생긴 데다 똘똘하고, 운동도 잘해서 인기가 많다.
사회 과목을 좋아하고 역사적 상상력이 뛰어나다.
매사에 적극적이며 승부욕이 강하다.

현지
한마디로 표현하자면 동현이의 라이벌!
침착하고 조용한 성격이지만, 할 말은 조곤조곤 다 한다.
논리적이고 상황 판단이 빠르다.

나은
쾌활하고 해맑은 성격으론 우리 반 1등!
상상력이 풍부해서 종종 친구들은 생각지도 못하는 엉뚱한 질문을 한다.
그런데 이런 질문들이 문제 해결의 새로운 방향을 보여 주기도 한다.

차례

들어가며 • 전반전 게임을 시작합니다! • 004

〈인생 게임〉 참가자 소개 • 006

1장
우리 반 나이 13세, 인생 게임 시작!
한 달에 5년씩 나이를 먹으며 인생을 미리 살아 볼까?
• 013

 인생 게임 황금 카드 ▶ 은행은 무슨 일을 할까요?

2장
세상에서 가장 위대한 투자
최고의 투자를 찾아 주는 마법의 투자 노트가 있다고?!
• 027

 인생 게임 황금 카드 ▶ 은행은 어떻게 돈을 벌어요?

3장
숨만 쉬어도 나가는 돈
지난달엔 숨을 좀 크게 쉬었나?!

● 043

🗝️ 인생 게임 황금 카드 ▶ 고정지출을 줄이는 게 중요해요!

4장
소비 요정 강호, 통장을 네 개로 쪼개다
통장 쪼개기를 하다 보니 4단 폭포가 떠올라!

● 051

🗝️ 인생 게임 황금 카드 ① ▶ 통장을 더 쪼갤 수도 있어요!

🗝️ 인생 게임 황금 카드 ② ▶ '행동 장치'에 대해 좀 더 알고 싶어요!

5장
우리 반 나이 18세, 군대 당첨!
악, 제비뽑기로 군대 가는 나라가 있다고?!

● 071

🗝️ 인생 게임 황금 카드 ▶ 어떤 은행에 돈을 맡겨야 하나요?

6장
친구들과 함께하는 내 인생 첫 투자
내 꿈은 투자왕, 나랑 같이 투자할 사람 손들어!

• 085

🗝 인생 게임 황금 카드 ▶ 왜 투자에 관심을 가져야 할까요?

7장
우리 반 나이 23세, 대학교 가자!
대학생이 될까? 아니면 사장님이 될까?

• 107

🗝 인생 게임 황금 카드 ▶ 수익률이 뭐예요?

8장
금리에 울고 웃는 우리 반 친구들
예금 이자 vs 대출 이자, 승자는? 던져라! 금리 주사위

• 129

🗝 인생 게임 황금 카드 ▶ 어른들한테도 금리가 중요한가요?

9장
중간 점검, 롤러코스터를 탄 투자
그 기업에 도대체 뭔 일이 일어난 거야?!

• 141

🗝 인생 게임 황금 카드 ▶ 실적과 주가를 조작할 수도 있다고요?

10장
우리 반 나이 28세, 경제 공동체의 탄생!
오늘부터 너, 내 편이 되어라! · 165

🗝 인생 게임 황금 카드 ▶ 상승률과 하락률

11장
투자는 참 쉽지 않구나
두구두구두구두구, '짜장면 데이트'의 주인공은? · 185

🗝 인생 게임 황금 카드 ▶ 투자할 땐 편향을 조심해야 해요!

나가며 • 리얼 생존 금융 교육, '13살의 노후 대비' · 194
부록 • 교과 연계표 · 199

1장
우리 반 나이 13세, 인생 게임 시작!

초등학교 6학년이 된 강호가 담임선생님과 처음 만난 날!

선생님은 느닷없이 친구들에게 알쏭달쏭한 질문을 던졌다.

"앞으로 너희 인생에서 가장 중요한 건 뭐라고 생각하니? 천천히 생각해 보고 여기에 세 개씩 적어 보자."

선생님에게 작은 포스트잇과 펜을 건네받은 강호와 친구들은 고민에 빠졌다.

"음… 앞으로 내 인생에서 중요한 것이라…"

"사랑하는 우리 가족, 친한 친구들, 건강, 그리고… 나중에 갖고 싶은 자동차?"

"PC방 차려서 친구들과 하루 종일 재미있는 게임하기! 아니면… 돈 많은 백수?"

"으아, 내 인생에서 중요한 게 너무나도 많은데 딱 세 개만 어떻게 골라…. 😢"

친구들은 한참을 고민한 끝에 겨우 세 가지를 적어냈다.

"자, 그러면 한 분단씩 앞으로 나와서 칠판에 포스트잇을 붙여 봅시다!"

친구들이 하나둘씩 붙인 포스트잇으로 어느새 칠판은 가득 찼다. 선생님은 비슷한 내용끼리 한데 모으며 칠판을 정리하기 시작했다. 포스트잇을 분류하니, 칠판 위에는 커다란 섬처럼 몇 개의 덩어리가 만들어졌다.

"모두 정말 잘 적었구나! 이제 하나씩 살펴보면서 함께 이야기해 볼까?"

앞으로의 인생에서 중요한 세 가지

제일 먼저 가족, 부모님, 우정, 친구 등 '인간관계'와 관련된 큰 덩어리가 보였다. 그 다음으로는 음악, 게임, 좋아하는 아이돌 같은 '즐거움'과 관련된 포스트잇들이 눈에 띄었다. 꿈, 장래 희망과 관련된 덩어리도 있었고, 지구와 자연, 깨끗한 공기처럼 '환경'을 중요하게 생각하는 친구들의 포스트잇 뭉치도 있었다.

'다양한 친구들이 모인 만큼 중요하게 여기는 것도 참 다 다르구나!' 강호는 칠판의 포스트잇들을 바라보며 생각했다.

선생님은 친구들에게 그렇게 생각한 이유를 물었다.

"가족과 친구들은 기쁘거나 슬플 때 항상 함께할 수 있어서 정말 소중해요."

"저는 제가 좋아하는 아이돌 음악을 들으면 너무 행복해요."

"환경이 파괴되면 나중에 내가 아무리 잘살아도 행복하지 않을 것 같아요."

아이들은 서로의 이야기에 공감하며 대화를 이어갔다.

마지막으로 선생님이 멈춰선 곳에는 꽤나 큰 섬이 있었다. 바로 '돈'과 연관된 포스트잇 덩어리였다. 그냥 '돈'이라고 적은 친구들도 많았지만, '대기업 취업하기', '좋은 대학 들어가기', '슈퍼카 구매'처럼 좀 더 구체적으로 적은 친구들도 있었다.

선생님은 아이들을 바라보며 물었다.

"그럼, 앞으로 너희 인생에서 왜 돈이 중요할 것 같아?"

친구들은 각자 자신의 생각을 발표하기 시작했다.

"제가 하고 싶은 걸 하면서 자유롭게 살려면 돈이 필요할 것 같아요."

"저는 자동차를 너~무 사랑하거든요. 그래서 자동차를 볼 때마다 막 심장이 뛰어요! 어른이 되면 꼭 사고 싶은 슈퍼카가 있는데, 그걸 사려면 돈이 필요할 것 같아요."

"저는 나중에 PC방을 차리고 싶어요. 그리고 친구들을 초대해서 게임을 실컷 할 거예요! 그러기 위해선 돈이 많이 필요하지 않을까요? 히히."

나은이의 대답에 친구들이 모두 빵 터져 버렸다. 그때, 선생님이 '좋은 대학 들어가기', '공부'라고 적힌 포스트잇을 가리키며 질문했다.

"공부를 잘하는 것, 좋은 대학에 들어가는 건 왜 중요하다고 생각하니?"

"잘은 모르지만 공부를 열심히 해서 좋은 대학에 들어가면 좋은 직업을 가질 수 있고, 돈도 많이 벌 수 있다고 부모님께서 말씀하셨어요."

아이들의 현실적인 대답을 들은 선생님은 잠시 고민하다가 이야기를 이어 갔다.

돈이 중요하다고?

"음… 오직 돈을 위해 공부하고, 대학과 직업을 선택하면 너무 슬플 것 같구나! 유명한 축구 선수가 되면 돈을 많이 버니까 억지로 축구 선수가 된 사람이 있다고 생각해 보자. 그 사람은 동료들과 땀 흘리며 훈련하고 경기에 나서는 게 과연 행복할까?"

아이들은 고개를 갸웃거리며 골똘히 생각했다.

"'돈을 많이 버는 직업'을 갖기 위해 공부를 한다기보다는 여러분이 컸을 때 '선택'의 폭을 넓히기 위해 공부한다고 생각하면 어떨까? 좋아하는 직업을 갖기 위해 노력하는 과정이라고 생각해도 좋고."

선생님은 돈이라고 적힌 포스트잇 덩어리를 돌아보며 말했다.

"돈은 우리 삶에 필요하고 중요한 것이지만, 다른 것들을 모조리 제칠 정도로 최고의 가치를 지닌 건 아니란다. 손흥민 선수가 중국이나 사우디아라비아에서 제시한 거액의 연봉을 거절하고 잉글랜드 리그에서 뛰는 이유는 뭘까? 분명 돈보다 소중한 무언가가 있어서 그런 게 아닐까?"

그러고는 빙그레 미소를 지으며 아이들을 바라보았다.

"너희들 말대로 인간관계, 즐거움, 환경, 돈, 이 모든 게 우리 인생에서 정말 중요해. 그런데 우리 반에 돈이 중요하다고 생각하는 친구들이 이렇게 많은데, 혹시 학교나 집에서 돈에 대해 공부하거나 이야기해 본 적 있니?"

순간 교실이 조용해졌다. 정적을 깨고 강호가 조심스레 손을 들었다.

"부모님이 은행에 돈을 넣어 두라며 통장을 만들어 주셨어요. 그게 돈 공부의 시작이라면서요."

"오, 그래? 그럼 이자율이 어느 정도인지 알고 있니?"

"어… 그건 잘 모르겠는데…."

강호는 대답을 대충 얼버무렸다. 그때 나은이가 끼어들었다.

"우리 부모님도 경제 공부가 중요하다며 어린이용 경제 신문을 신청해 주셨는데, 사실 제대로 본 적은 한 번도 없어요. 그냥 쌓여만 가요, 히히."

"선생님, 저는 세뱃돈을 모아서 조금씩 주식에 투자하고 있어요! 그런데 투자한 기업에 대해서 제대로 알아본 적은 없어요."

축구든 공부든 뭐든지 잘하는 '엄친아' 동현이가 스마트폰을 보여 주며 이야기했다. 동현이의 스마트폰 화면에는 알 수 없는 파란색, 빨간색 숫자들과 그래프가 떠 있었다. 어린 나이부터 실제 투자를 하고 있는 동현이를 보고 강호와 친구들은 대단하다고 생각했다.

"돈이 중요하다고 생각하는 친구들은 많지만, 정작 돈에 대해 제대로 공부해 본 적은 없구나!"

강호와 친구들은 조용히 고개를 끄덕였다.

"너희들은 이제부터 1년 동안 선생님과 ==인생 게임== 을 하며 돈에 대해 공부하게 될 거야."

'1년 동안 인생 게임을 한다고? 그리고 돈 공부?' 강호와 친구들은 도무지 이해가 되지 않았다.

"==한 달에 다섯 살씩 나이를 먹으며 인생을 미리 살아 보는 거야.== 그리고 교실 안에서 돈을 벌며 저축과 소비도 하고 삼성, 애플 같은 실제 기업에 투자도 해 볼 거란다."

선생님의 설명이 끝나자마자 궁금증을 참지 못한 친구들이 질문을 쏟아 내기 시작했다.

"그럼 교실에서 맛있는 간식도 사 먹을 수 있나요?"

"제가 좋아하는 아이돌이 속해 있는 SM엔터테인먼트나 JYP에도 투자할 수 있는 거예요?"

"스무 살이 되면 치킨에 맥주도 한잔할 수 있는 거죠?"

엉뚱한 나은이의 질문에 친구들이 낄낄대며 웃었다.

"인생 게임의 모든 내용을 미리 알려 주면 재미없겠지? 하지만 분명히 말해 주고 싶은 게 있어. 한 달에 다섯 살씩 나이를 먹어서 쉰여덟 살이 되는 12월에는 은퇴를 하게 된단다. 은퇴를 하면 더 이상 돈을 못 벌어."

아이들은 숨죽인 채 선생님의 말에 집중했다.

"은퇴를 하는 12월부터 졸업하기 전까지는 그동안 모아 놓은 돈으로 교실에서 생활하게 될 거야."

"선생님, 만약에 모아 놓은 돈이 충분하지 않으면 어떡해요?"

강호가 걱정스러운 눈빛으로 질문했다.

"음… 초등학교 6학년 생활의 마무리가 조~금 고통스러울 수 있겠지? 예를 들자면, 선생님과 남아서 청소하고 가기?!"

"악!!!"

아이들이 일제히 소리 질렀다.

"자, 오늘은 첫날이니 여기까지만 하고 내일 보자꾸나."

강호와 친구들이 인생 게임에 참가하게 된 순간이었다.

3월 13세

4월 18세

5월 23세

6월 28세

7월 33세

12월 58세

은행은 무슨 일을 할까요?

인생 게임을 시작한 친구들, 축하해요!

한번쯤 길거리를 지나다니다 xx은행, **은행이라는 간판을 봤을 거예요. 그런데 은행은 도대체 무엇을 하는 곳인지 알고 있나요?

인생 게임을 본격적으로 시작하기 전에, 먼저 은행에 대해 알아볼게요. 은행은 돈 공부의 시작점이거든요.

은행은 우리의 돈을 보관해 줘요 - 예금

은행이 하는 역할은 다양하지만 여기서는 가장 중요한 것부터 살펴볼 거예요. 일단 여러분에게 1만 원권 지폐가 100장 있다고 생각해 볼게요. 그러면 총 100만 원이죠? 이 돈을 여러분 방에서 보관한다고 합시다. 그러면 과연 무슨 일이 벌어질까요?

여러분이 잠자고 있는 사이에 동생이나 오빠가 몰래 들어와 1만 원권 1장을 가져갈 수도 있어요. 혹은 물을 마시다가 쏟아서 돈이 찢어질 수도 있어서 불안할 거예요.

그런데 그 100만 원을 은행에 맡기면 어떻게 될까요?

은행은 여러분의 돈을 아주 안전하게 보관해 줍니다. 게다가 소중한 돈을 맡겨 줘서 고맙다며 보너스까지 줍니다! 이 보너스를 우리는 이자 라고 부릅니다.

"고객님, 저희 은행에 소중한 돈을 맡겨(빌려) 주셔서 감사합니다. 1년 후에는 처음 맡겨 주신 돈 100만 원에 이자 3만 원을 더해, 총 103만 원을 돌려드리겠습니다.(세금 제외)"

이처럼 은행에 돈을 맡기고 이자를 받는 것을 예금 이라고 합니다.

은행은 우리에게 돈을 빌려줘요 - 대출

이번에는 반대로 여러분에게 100만 원이 필요하다고 생각해 볼게요! 돈이 필요한데 주변에 빌릴 곳이 없어서 은행에서 빌리려고 합니다.

여러분이 은행에 돈을 빌려줄 때 '이자'를 받았다면, 이번엔 반대로 여러분이 은행에 '이자'를 줘야 합니다.

"고객님, 저희 은행에서 100만 원을 빌리신다면, 1년 후에는 원래 빌려 간 돈에 이자 5만 원을 더해서 총 105만 원을 갚으셔야 합니다.(세금 제외)"

이처럼 은행에서 돈을 빌리고 이자를 내는 것을 `대출` 이라고 합니다.

거참, 그냥 빌려주면 안 되냐고요?

은행에서 돈을 빌려 간 뒤 잘 갚는 사람들도 있겠지만, 약속한 날짜보다 늦게 갚거나 못 갚는 사람들도 있겠죠? 은행은 그런 '위험'을 감수하고 돈을 빌려주는 만큼 '이자'를 받을 수밖에 없답니다.

이처럼 은행은 예금을 하고 싶은 사람들한테 돈을 받아서 대출을 받고 싶은 사람들에게 돈을 빌려주는 역할을 합니다.

2장

세상에서 가장 위대한 투자

"너희들, 혹시 '워런 버핏'이라는 이름을 들어 본 적 있니?"

"아니요!"

"처음 들어요."

그때 동현이가 손을 번쩍 들었다.

"저는 들어 본 적 있어요. 부모님이 보시는 유튜브에서 봤는데, 투자를 엄청 잘하시는 분이라고 했어요."

"동현이가 잘 알고 있구나! 워런 버핏 할아버지는 미국의 전설적인 투자자란다. 삼성전자, 애플 같은 기업의 일부를 소유하는 행위를 주식 투자 라고 해. 이때 주식 은 기업의 자본을 구성하는 증권이고, 주식을 소유한 사람들을 주주 라고 부르지. 워런 버핏 할아버지는 주식에 투자해서 많은 돈을 버셨어. 현재 재산은 약 200조 원이라고 하는구나."

"와~!"

"네? 200조 원이요?"

강호와 친구들은 상상도 못 한 큰 금액에 놀라 술렁거렸다.

"더 놀라운 건, 아흔 살이 넘었는데도 여전히 투자회사를 운영하며 활발하게 활동하고 계신다는 거야."

나이가 아흔이 넘고 이미 200조 원의 재산이 있는데 아직도 왕성하게 활동하고 있다는 사실에 많은 친구들이 놀랐다.

"워런 버핏 할아버지는 투자에 관한 명언을 많이 남기셨단다. 지금부터 10분 동안 '명언 찾기' 미션을 할 거야. 워런 버핏 할아버지의 명언 중에서 선생님이 가장 좋아하는 명언을 찾아온 친구

에게는 작은 선물을 주도록 하지!"

친구들은 태블릿을 꺼내 빠르게 워런 버핏 할아버지의 명언을 찾기 시작했다.

"10년 이상 가지고 있지 않을 주식은 단 10분도 들고 있지 마라."

"첫 번째 원칙, 돈을 절대로 잃지 마라. 두 번째 원칙, 첫 번째 원칙을 잊지 마라."

친구들은 나름대로 뭔가 중요할 것 같은 워런 버핏 할아버지의 명언을 찾느라 분주했다. 선생님은 교실을 돌아다니며 친구들이 찾은 명언을 하나씩 살펴보더니, 미소를 지었다.

"딱 두 명의 학생만 선생님이 좋아하는 명언을 찾아냈네."

최고의 투자는 뭘까?

"정답을 발표하기 전에 먼저 짧은 영상을 한번 볼까?"

선생님이 화면을 켜자, 영상 속에는 미국의 한 초등학교 5학년 학생이 등장했다. 학생은 수많은 청중 앞에서 워런 버핏 할아버지에게 질문하고 있었다.

"이 세상의 많은 주식 중에서 한 가지 주식에만 투자한다면, 어떤 주식을 선택해야 할까요?"

그러자 워런 버핏 할아버지가 소리 내어 웃었다.

"허허허! 재밌는 질문이네요. 어떤 기업의 주식에 투자할지 추천해 달라는 뜻인가요? 어디에 투자해야 하냐고 묻는 거라면, 이렇게 말할게요. 여러분 나이에 할 수 있는 최고의 투자는 '스스로에 대한 투자'입니다."

영상을 본 친구들은 고개를 갸웃할 수밖에 없었다. '저 할아버지는 주식 투자로 돈을 엄청 많이 벌었다고 했는데, 저건 무슨 뜻이지?', '괜히 우리한테 돈 버는 방법을 알려 주기 싫어서 그러는 거 아니야?' 친구들은 워런 버핏 할아버지가 하는 말이 도통 이해되지 않았다.

"스스로에게 투자하라는 말이 무슨 뜻일까?"

강호가 혼잣말하듯 낮게 중얼거렸다.

"그건 자기 자신한테 돈을 아낌없이 막 쓰라는 말이야~. 명품을 사거나 비싼 음식을 먹는 것처럼 말이지!"

나은이가 아는 척하며 강호에게 말했다.

"으음? 워런 버핏 할아버지가 그런 뜻으로 한 말씀은 아닌 것 같은데…?"

강호가 뒤통수를 긁적거리며 말끝을 흐렸다. 그때 동현이가 끼어들었다.

"사실 나도 잘 몰라서 국어사전을 찾아봤어. 투자는 이런 뜻이라고 나오더라. 이익을 얻기 위해 자본을 대거나 시간이나 정성을 쏟음."

동현이의 말이 끝나자마자 현지가 말을 이었다.

"'스스로'에게 투자하라고 하셨으니까 '자기 자신한테 시간이

> **국어사전**
>
> **투자** (投資) 🔊
>
> (명사)
> 1. 이익을 얻기 위하여 어떤 일이나 사업에 자본을 대거나 시간이나 정성을 쏟음.
>   교육 **투자**.
> 2. 이익을 얻기 위하여 주권, 채권 따위를 구입하는 데 자금을 돌리는 일.
> 3. 기업의 공장 기계, 원료·제품의 재고 따위의 자본재가 해마다 증가하는 부분.

출처: 국립국어원 표준국어대사전

나 정성을 쏟는다.', '자기 자신을 사랑하고 소중히 대하라.'는 의미 아닐까? 나는 소중한 사람이니까 아무렇게나 막 살지 말고 최선을 다하라는 말 같기도 해."

"오~ 그러네! 뭔가 그럴듯해!"

강호는 이제야 무슨 뜻인지 감이 잡히는 것 같았다.

"초등학생들의 대화 수준이 이 정도라니 놀라운걸?"

선생님은 아이들이 대견하다는 듯 환하게 웃었다.

"워런 버핏 할아버지가 말한 스스로에 대한 투자는 결국 자기 자신을 소중히 여기고 이전보다 성장하는 삶을 살라는 뜻 아닐까?"

"음… 그러니까 자기 개발 같은 거예요?"

현지가 조심스럽게 물었다.

"남들과 비교하기보다는 자기가 가지고 있는 것, 지금 할 수 있는 것에 집중하고 긍정적으로 생각하라는 의미일 수도 있고. 딱 떨어지는 정답은 없으니, 여러분이 각자 생각하기 나름이겠지?"

"쌤이 정리해 주시니까 머릿속에 쏙쏙 들어와요! 그래도 나은이가 말한 것처럼 자기 자신한테 돈을 막 쓰라는 뜻은 아닌 것 같아요."

친구들은 큰소리로 웃음을 터트렸다.

"사실 이 영상에 나오는 말이 바로 선생님이 가장 좋아하는 명언이었어."

"헐, 이거였어요? 돈 얘기는 요만큼도 안 나오는데?!"

"이걸 맞힌 사람이 있다고요?"

아이들이 웅성대자 선생님이 손가락 두 개를 펴며 말했다.

"그럼, 두 명이나 있단다. 동현이랑 현지!"

동현이는 잘생기고 운동도 잘하는 데다 공부도 잘해서 인기가 많았다. 현지는 조용하지만 야무진 성격에, 어려운 수학 문제를 잘 푸는 친구였다.

"두 사람에게는 선생님이 작은 선물을 줄게."

투자 노트를 써 보자!

잠시 후 선생님이 표지에 워런 버핏 할아버지 사진이 인쇄된 노트를 강호와 친구들에게 나눠 주셨다.

"방금 선생님이 나눠 준 노트를 앞으로 '투자 노트'라고 부르자꾸나."

"투자 노트요? 아! 주식 투자가 아니라 '스스로에 대한 투자'군요. 그런데 이걸 왜 나눠 주시는 거예요?"

강호가 궁금함을 이기지 못하고 질문했다.

"일주일에 한 번씩 투자 노트를 쓰며 교실에서 돈을 벌 예정이기 때문이지. 중요한 이야기니까 모두 집중! 여러분이 교실에서 돈을 버는 방법은 간단하단다. 일주일에 한 번, 투자 노트에 목표를 적고, 그 일을 해낼 때마다 10만 원씩 받는 거야."

"10만 원이요?!"

"진짜 돈으로 주시는 거예요?"

아이들이 술렁이기 시작했다.

"진짜 돈으로 주면 선생님이 파산하겠지? 😅 그래서 가상의 학급 화폐를 사용할 거야! 이 돈으로 교실에서 간식을 사 먹거나 친한 친구의 옆자리에 앉을 수 있는 특권을 살 수도 있어. 또 가상으로 저축도 하고 기업에 투자하는 것도 가능하단다."

강호와 친구들은 기대에 찬 눈빛으로 투자 노트를 펼쳤다. 노트 안에는 일주일마다 다섯 개의 목표를 적을 수 있는 칸이 그려져 있었다.

"예를 들어, 여러분이 행복 목표로 '엄마랑 집에서 팬케이크 만들기'를 적고 실천했다면 10만 원을 벌게 돼. 그리고 독서 목표에 읽을 책을 적고 일주일 동안 조금이라도 읽었다면 또 10만 원을 받게 되는 거지! 이렇게 모든 목표를 달성하면 일주일에 총 50만 원을 벌 수 있어!"

'나 자신에게 투자해서 돈을 번다고? 좀 특이한데… 어쨌든 돈

투자 노트

1. 행복 목표 = 이번 주, 나를 행복하게 만들 계획은?

2. 성장 목표 = 성장하는 나를 위한 작은 습관 만들기

3. 독서 목표 = 책 한 권을 다 안 읽어도 좋으니 조금이라도 읽기

4. 체력 목표 = 일주일에 한 번, 땀 흘려 운동하거나 놀기

5. 발표 목표 = 일주일에 한 번, 손 들고 발표하기

버는 방법은 쉽네.' 강호가 어깨를 으쓱하며 생각했다.

"그리고 숙제가 하나 있어. 다음 주까지 우리 집에서 생활비로 얼마나 쓰는지 항목별로 조사해 올 것! 알겠지?"

다음 날 아침, 아이들은 모두 투자 노트에 무언가를 열심히 적고 있었다.

"어제 발표는 했으니까 10만 원은 벌었고~, 이제 책만 읽으면 되겠다!"

"나는 행복 목표로 '아빠 흰머리 뽑아 드리기'를 적었어. 아빠

한테 흰머리 뽑아 드리면 학교에서 돈 벌 수 있다고 하니까 웃으시더라, 하하!"

"내 성장 목표는 '8시 40분까지 등교하기'야. 맨날 지각하는데 이번 기회에 고쳐 보려고."

친구들 이야기를 듣고 있던 나은이가 좋은 생각이 났다는 듯

끼어들었다.

"어제 점심시간에 친구들이랑 피구를 했는데… 그럼 요걸로 이번 주 체력 목표 달성한 거 맞겠지? 😋"

"야, 그건 너무 날로 먹는 거 아니냐?"

친구들의 항의에도 불구하고 나은이는 당당했다.

"피구하면서 땀도 흘리고 팔 근력도 늘었으니까~. 이건 당연히 스스로에 대한 투자 맞지!"

친구들은 모두 각자의 방식으로 '스스로에 대한 투자'를 통해 돈을 벌고 있었다.

은행은 어떻게 돈을 벌어요?

　은행은 돈을 맡아 주기도 하고 빌려주기도 한다고 했어요. 그렇다면 은행은 어떻게 돈을 벌까요? 은행이 자선 단체는 아니니까 분명 돈을 버는 방법이 있지 않을까요? 아래 그림을 함께 볼게요.

● 예대마진 방식 ●

1년 후 은행은 20만 원 수익!

1,000만 원 예금하시면 1년 후에 1,030만 원으로 드릴게요!

1,000만 원 빌려드릴테니 1년 후에 1,050만 원으로 주세요!

예금자

대출자

　은행에 1천만 원을 맡겼더니 고맙다며 이자를 30만 원 주었어요. 반대로 1천만 원을 빌렸더니 그 대가로 이자를 50만 원 가져갔어요.

　응? 뭔가 이상하지 않나요?

돈을 빌려줄 때는 이자를 50만 원이나 가져갔는데, 돈을 맡아 줄 때는 이자를 30만 원밖에 안 주다니! 그러면 50만 원에서 30만 원을 뺀 나머지 20만 원은 어디로 갔죠?

바로 이 20만 원을 통해 은행이 돈을 번답니다.

그런데 예금자와 대출자를 연결만 시켜 주고 20만 원이나 받다니, 너무 꿀인 거 아니냐고요?

하지만 은행도 예금자와 대출자를 연결하는 일을 맡아서 하는 사람들에게 월급도 주고, 건물의 임대료도 내야 해요. 그리고 대출을 해 줄 때, 대출자가 돈을 빌려줘도 괜찮을 만큼 믿을 만한 사람인지 반드시 확인해야 합니다. 혹시라도 돈을 안 갚을 수 있으니까요.

이처럼 예금자와 대출자 사이에서 이런저런 역할을 하고 있으니 '수고비'처럼 예금이자와 대출이자의 차이만큼 돈을 받아 갑니다. 이때 예금이자와 대출이자의 차이를 **예대마진** (預貸margin)이라고 해요. 여기서 마진은 차이라는 뜻을 갖고 있어요. 그리고 예대마진은 은행이 돈을 버는 여러 방법 중 하나랍니다.

3장
숨만 쉬어도 나가는 돈

"선생님이 내 준 숙제는 다 해 왔니?"

"네! 저희 집 스마트폰 요금이나 전기료, 학원비, 기름 값 등으로 한 달에 돈이 얼마나 나가는지 조사해 왔어요!"

친구들은 각자 자신들이 조사해 온 금액에 대해 이야기하기 시작했다.

"우리 가족은 다섯 명인데 스마트폰 요금만 한 달에 30만 원이더라! 거기에 내 학원비랑 다른 전기료 같은 것들을 다 합치면 100만 원은 그냥 넘어가!"

"우리 부모님은 두 분 다 직장이 집에서 멀거든. 그래서 한 달 기름 값만 거의 50만 원 가까이 쓰신대. 스마트폰 요금이랑 다른 것들까지 더하니까… 우와, 우리 집 돈 엄청 많이 써!"

친구들의 이야기를 들어 보니 각 집마다 금액은 달랐지만, 모두 꽤 많은 돈이 나가고 있었다.

"다들 숙제를 정말 잘해 왔구나? 그럼 여기서 질문! 여러분은 스마트폰 없이, 전기 없이 생활할 수 있을까?"

'스마트폰 없이 생활한다고?' 강호는 생각만 해도 끔찍했다.

아이돌을 좋아하는 현지는 학원이 끝나고 집에 오면 침대에 누워 아이돌 영상을 볼 때가 제일 행복했다. 나은이는 친한 친구들과 사진을 찍어 SNS에 올리고, 서로 DM을 주고받으며 소통할 때 기분이 좋았다.

"선생님! 스마트폰 없이 어떻게 살아요. 😢 심지어 전기도 없으면… 너무 힘들 것 같아요!"

"그렇지? 여러분이 말한 것처럼 스마트폰 요금이나 전기료는 우리가 살아가는 한 어쩔 수 없이 지출해야 하는 돈이란다. 이렇게 '고정적'으로, 우리가 살아가기 위해 '숨만 쉬어도 나가는 돈'을 고정지출이라고 해."

우리 부모님은 대단하구나!

'우리 집이 한 달을 무사히 지내기 위해 들어가는 돈이 이렇게나 많구나.'

고정지출에 대한 설명을 듣고 나니 친구들은 부모님께 감사한

지난달엔 숨을 좀 크게 쉬었나????

마음이 들었다. 선생님은 스마트폰 요금이나 아파트 관리비, 학원비 같은 걸 조사해 오라고 하셨지만, '숨만 쉬어도 나가는 돈'은 이보다 훨씬 많을 게 분명했기 때문이다.

"고정지출, 그거 그냥 안 내고 버티면 되지 않나?"

나은이가 싱겁게 웃으며 중얼거렸다.

"응? 근데 영화 같은 거 보니까 내야 할 돈인데 안 내면 집에 '빨간 딱지' 붙던데?"

"아니야, 검은 양복 입은 덩치 큰 아저씨들이 찾아오더라."

친구들이 영화나 드라마에서 본 장면들을 거침없이 이야기했다.

"하하, 얘들아, 스마트폰 요금이나 전기료 등이 밀렸다고 그런 일들이 생기진 않아. 하지만 장기적으로 봤을 땐 더 무서운 일이 발생할 수 있지!"

"무서운 일? 그게 뭔데요?"

"바로 은행이나 신용카드 회사에서 여러분을 믿지 못하게 되는 거야."

선생님이 심각한 표정으로 친구들을 쳐다보았다.

"살다 보면 은행에서 큰돈을 빌려야 할 일이 생길 수도 있어. 지난번에 배운 대출이 바로 그런 경우지. 그런데 평소 스마트폰 요금도 제때 못 내는 사람이라고 하면, 은행이 어떻게 믿고 큰돈을 빌려줄 수 있겠니?"

"아, 그렇네요."

"은행은 여러분이 믿을 만한 사람인지 확인하고 점수를 매긴단다. 이것을 신용 점수 라고 해. 고정지출처럼 내야 할 돈을 계속해서 제때 내지 못하면 신용 점수가 떨어질 수 있어."

평소 별거 아니라고 생각했던 비용들도 자주 연체되면 미래에 무서운 부메랑이 되어 돌아온다는 점이 놀라웠다.

"선생님! 그런데 고정지출은 갑자기 왜 알려 주시는 거예요?"

"그야, 여러분도 고정지출을 내야 하니까!"

"네?!"

아이들은 고정지출이 있다는 말에 술렁이기 시작했다.

"여러분이 학교에서 쓰는 물과 전기 모두 고정지출에 넣어야 하지 않을까? 우리가 숨 쉬고 있는 이 순간에도 교실을 밝히는 조명과 히터 등에 전기를 쓰고 있잖아."

투자 노트로 돈을 벌고 쓸 생각에 들떠 있던 친구들은 왠지 모르게 머리를 한 대 맞은 느낌이었다.

"그럼 고정지출은 얼마예요?"

빠르게 선생님의 의도를 파악한 현지가 질문했다.

"일단 아직 3월이니까 10만 원부터 시작하겠습니다."

'일주일에 다섯 개 목표를 다 수행해도 고정지출을 빼면 40만 원 밖에 못 버는구나!' 강호는 벌이가 줄어들어 아쉬웠다.

"그리고 숙제가 하나 있어! 매달 고정지출을 부담하며 우리를 사랑으로 보살펴 주시는 부모님께 드릴 감사 편지 써 오기!"

엄마, 아빠, 저 강호예요.

오늘 학교에서 고정지출이라는 걸 배웠어요!
우리 집 고정지출을 대충 계산해 보니 100만 원이 훌쩍 넘더라고요.
엄마랑 아빠가 더 대단하게 느껴졌어요!

가끔 제가 짜증 내거나 화를 내도 저를 이해해 주시고
사랑해 주셔서 감사해요.
제가 요즘 사춘기인 것 같아요….
앞으로 저도 더 의젓하고 멋진
아들이 되기 위해 노력할게요!

엄마, 아빠의 둘째 아들 올림.

엄마랑 아빠는 강호가 이렇게 잘 커 준 것만으로도 너무 감사해.
학교에서 열심히 '돈'에 대해 공부해서 앞으로도 '경제'에 관심이 많은 아들로 성장하면 좋겠다!
사랑해 강호야~♡
강호를 사랑하는 엄마, 아빠가.

고정지출을 줄이는 게 중요해요!

고정지출에 대해 잘 배웠나요?
숨만 쉬어도 나가는 돈! 참 쉽죠?

그럼 여기서 퀴즈!
나중에 여러분이 어른이 되었을 때 고정지출이 많으면 좋을까요?

당연히 아니죠! 어떤 사람이 한 달에 300만 원을 버는데 이것저것 쓸데없는 지출로 200만 원이나 쓴다고 해 볼게요. 그러면 이 사람은 돈을 잘 모으며 미래를 대비할 수 없을 거예요.

미래에 여러분이 돈을 벌 때도 혹시 쓸데없는 곳으로 돈이 계속 나가는 건 아닌지, 금액을 줄일 수는 없는지, 꼭 나가야 할 고정지출은 무엇인지 고민해 보면 좋겠어요!
 예를 들어, 넷플릭스를 보지도 않는데 매달 구독료가 나가고 있는 건 아닌지, 매달 나가는 스마트폰 요금을 아끼기 위해 알뜰폰을 사용할 수는 없는지 등을 말이죠.

고정지출을 확인하고 조금이라도 줄이는 것, 돈 관리의 기본이랍니다!

4장

소비 요정 강호, 통장을 네 개로 쪼개다

월요일 아침, 친구들은 투자 노트를 작성하고 받을 학급 화폐에 대해 이야기하고 있었다.

"얘들아, 오늘 투자 노트에 적은 목표를 달성하고 돈 받는 날인데, 혹시 진짜 돈으로 주시는 건 아니겠지?"

"에이, 설마~!"

"아닐 거야. 그래도 진짜 돈으로 주시면 좋겠다, 흐흐…."

강호와 친구들이 수다를 떨고 있을 때 선생님이 무거운 상자를 낑낑대며 들고 교실로 들어왔다.

"선생님, 그게 다 뭐예요?"

선생님은 상자를 탁자 위에 내려놓았다.

"돈 받을 때 필요한 준비물!"

그러고는 상자에서 통장 모양의 용돈 기입장을 꺼내서 모든 학생에게 네 개씩 나눠 주었다.

"일주일 동안 열심히 스스로에게 투자했으니 이제는 돈을 받아야지?"

"와!!"

친구들이 모두 좋아했다.

"선생님이 첫 월급을 받았을 때가 떠오르는구나. 처음으로 통장에 큰돈이 들어왔는데, 그 돈을 어떻게 관리해야 할지 몰라 당황했지."

"그래서 어떻게 하셨어요?"

"뭘 어떻게 해…. 그냥 막 쓰다가 군대에 갔답니다! 😉"

아이들이 깔깔깔 웃었다.

"하지만 '이 방법'을 알게 된 후엔 돈 관리를 잘하게 되었지."

강호는 선생님이 말한 '이 방법'이 뭔지 궁금했다.

"그 전에 모두 잠깐만 눈을 감아 볼까?"

아이들은 선생님의 말에 따라 눈을 감았다.

"이제 어른이 되어 직업을 갖게 되었다고 상상해 보자. 그리고 오늘은 첫 월급을 받는 날이야. 월급을 받으면 가장 먼저 무엇을 할 것 같니? 10초 동안 상상한 뒤에 눈을 뜹니다."

친구들은 나름 진지한 표정으로 눈을 감고 상상에 잠겼다. 어른이 되면 무슨 일을 하고 있을지 아직은 알 수 없지만, 어쨌든 돈을 번다는 생각만으로도 설렜다.

"자동차를 사고 싶을 것 같아요!"

"구찌, 샤넬 같은 명품 쇼핑?"

"친구랑 해외여행이요!"

"아니야! 엄마, 아빠한테 빨간 내복 사 드려야 돼."

친구들은 어른이 되어 돈을 벌고 자유롭게 쓰며 행복해하는 모습을 머릿속에 떠올리고 있었다.

"다들 돈을 벌었을 때 즐겁게 소비 할 생각만 하고 있구나?"

그러고 보니 강호와 친구들은 다들 돈을 어떻게 쓸지에 대해서만 생각하고 있었다. 돈을 어떻게 '모을지', 어디에 '투자'할지, 어떤 '목표'를 세울지에 대해서는 아예 떠올리지도 못했다.

"어딘가에 돈을 쓰는 것을 소비라고 해. 적당한 소비는 만족감을 안겨 주고, 우리를 더 열심히 일하게 만들지. 그리고 여러분이 가게에서 돈을 쓰면 가게 주인은 돈을 벌고, 또 그 돈을 다른 곳에 쓰는 과정이 이어지며 우리나라 경제가 돌아가게 된단다."

선생님은 칠판에 '소비'라고 적었다.

"하지만 소비는 너무나도 달콤하기 때문에 적절히 조절하기가 굉장히 어려워. 너희들이 컴퓨터 게임이나 스마트폰을 할 때 부모님과 시간을 정해 놓고 하지? 여기서 퀴즈! 부모님과 '한 시간만 하기'로 약속했지만, 막상 시간이 다 되면 여러분이 자주 하는 말은 무엇일까?"

"딱 10분만 더할 게요!"

"이번 판이 진짜 진짜 마지막이에요!"

친구들은 자신의 이야기가 나오자 피식피식 웃었다. 생김새와 성격은 달라도 노는 것을 좋아하는 건 똑같았다.

"컴퓨터 게임이나 스마트폰이 너무 재미있어서 시간을 조절하기 어려운 것처럼, 소비도 너무 달콤해서 통제하기가 힘들어. 그래서 버는 돈보다 더 많이 쓰다가, 결국 소비를 통제하지 못해서 인생을 망치는 사람들도 있지."

친구들은 게임 시간을 스스로 조절하지 못했던 자신의 모습을 떠올리며, 아무래도 어른이 되어서도 적절한 소비를 하는 게 쉽지 않을 것 같다고 생각했다.

"그럼, 이제 여러분이 궁금해하는 돈 관리 방법을 알아볼까? 지금부터 알려 줄 돈 관리 방법은 '통장 쪼개기'라고 합니다."

네 개의 통장

'통장을 쪼갠다고?' 강호는 머릿속에서 통장을 잡아당겨 찢는 상상을 했다. '통장을 찢어 돈을 아예 못 쓰게 하는 방법인가?'

"자, 이제 선생님을 따라 각 통장에 이름을 적어 보자! 반드시 순서대로 적어야 해!"

강호와 친구들은 뭔지 잘 모르지만 일단 선생님이 불러 주는

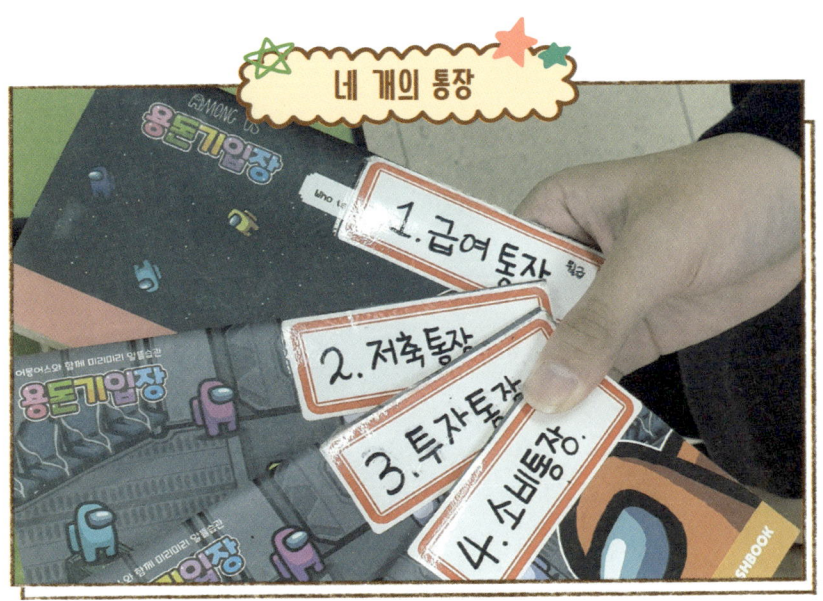

대로 따라 적었다.

"1번은 급여 통장, 2번은 저축 통장, 3번은 투자 통장, 마지막으로 4번은 소비 통장. 다 적었니?"

"네!!"

"그럼 첫 번째 통장은 무슨 통장이지?"

"급여 통장!"

"일을 한 대가로 받는 돈을 급여 라고 해. 한 달에 한 번 받으면 월급, 일주일에 한 번 받으면 주급이라고 하지. 우리는 투자 노트를 작성하고, 일주일에 다섯 개의 목표를 달성하면 50만 원을 받기로 했지? 그러니까 너희들은 주급을 받는 거란다."

친구들은 선생님이 보여 주는 화면을 보며 급여 통장에 '주급'이라고 적기 시작했다.

● 급여 통장 ●

날짜	요일	내용	들어온 돈	나간 돈	남은 돈
3/17	월	주급	50		50
합계					

"주급을 정리했다면 잠깐 앞의 화면을 다시 볼까?"

화면엔 선생님의 통장을 찍은 사진이 떠 있었다.

"와! 선생님은 월급날이 17일인가 봐! 매달 17일마다 맛있는 거 사 달라고 해야겠다, 흐흐."

"앗! 그걸 보라는 건 아니었지만 이미 봤으니까…. 😊 얘들아,

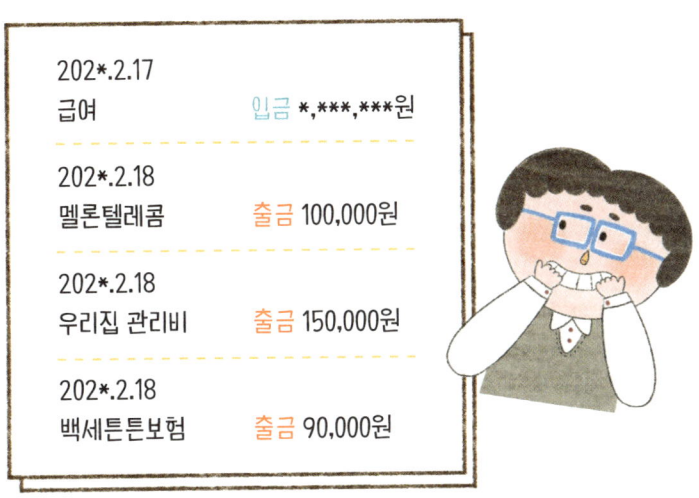

뭔가 특이한 점이 보이지 않니?"

친구들이 화면을 뚫어져라 쳐다보았다.

"정답! 급여가 들어오자마자 고정지출이 통장에서 바로 빠져나가고 있어요!"

예리하게 관찰한 동현이가 선생님이 원하는 답을 찾아냈다. 그때 강호가 낮은 목소리로 혼자 중얼거렸다.

"그런데 굳이 급여가 들어오자마자 바로 고정지출부터 빠져나가게 해야 할까? 그냥 아무 때나 내도 될 것 같은데…."

"강호야, 고정지출을 내지 못하거나 연체가 반복되면 어떤 일이 벌어진다고 했지?"

"신용 점수가 떨어질 수 있어요!"

"급여가 들어온 뒤에 선생님이 소비를 너무 많이 해서 고정지출을 못 낸다면 어떻게 될까? 신용 점수가 당연히 안 좋아질 거야. 선생님은 그런 상황이 너무 무서워서 급여가 들어오자마자 고정지출 먼저 빠져나가도록 했어."

하지만 아이들은 여전히 '아무리 그래도 굳이 그렇게까지 해야 하나?'라고 생각했다.

"그럼 급여를 받고 고정지출을 빼고 나면 소비해도 되죠?"

마음이 급해진 소비 요정 강호가 질문했다. 강호는 사람들이 열심히 일하고 돈을 버는 이유가 결국 돈을 쓰고, 인생을 즐기기 위해서라고 생각했기 때문이다.

"음… 강호야, 잠깐 진정하고 설명을 더 들어 볼까? 네 말처럼 소비를 먼저 해도 되지만… 만약 급여를 받고 고정지출을 빼자마자 바로 소비를 한다면 어떤 일이 벌어질까?"

"따로 돈을 남겨 두지 않고 다 써 버릴 것 같아요!"

"그렇겠지? 소비는 스마트폰 게임처럼 아주 달콤하니까! 그래서 여러분이 소비를 하기 전에 반드시 '저축'을 먼저 해야 하는 거야. 저축을 하면 중간에 마음대로 돈을 빼기도 힘들고, 나중에 이자까지 받을 수 있으니까!"

"급여를 받고… 고정지출을 빼고… 그다음에 저축을 하고…. 그러면 소비는 도대체 언제 할 수 있는 거예요?"

"빨리 소비를 했으면 좋겠지? 이제 거의 다 왔으니까 조금만 참아 보렴, 하하."

'아직 더 남았다고?!' 강호와 소비 요정 친구들은 선생님의 말에 한숨을 내쉬었다.

"여러분은 '투자'라는 말을 들으면 무엇이 떠오르니?"

"코인이요!"

"인생 한방이요!"

"아니야, 그러다 인생 나락 가는 수가 있어!"

강호는 투자라는 말에 설레면서도 한편으론 겁이 났다. 성공하면 큰돈을 벌 수 있지만 잘못하면 돈을 잃을 수 있다는 느낌이 들었기 때문이다. 왠지 도박 같다는 생각이 들기도 했다.

"여러분은 투자를 생각하면 그런 단어들을 떠올리는구나? 투자에 대한 생각이 인생 게임을 통해 어떻게 달라지는지 지켜보는 것도 재밌겠는데?"

선생님이 강호의 머리를 쓰다듬으며 말을 이었다.

"너희들이 말한 것처럼 빠르고 쉽게 큰돈을 벌기 위해 도박처럼 위험한 투자를 하다 큰 손해를 보는 사람들도 있어."

"에이~, 전 절대 안 그럴 것 같은데요?"

"누가 그런 어리석은 행동을 해요?"

아이들은 위험한 투자를 하는 어른들이 이해되지 않는다는 듯한 표정을 지었다. 선생님이 웃음을 띤 얼굴로 이야기했다.

"여러분은 안 그럴 것 같지? 하지만 수많은 똑똑한 어른들이 투자를 시작하면 원숭이가 되어 버린단다."

순간 강호는 원숭이가 된 어른들을 상상하고 말았다.

"막상 투자를 시작하면 욕심이 생겨서 무리하게 투자하기도 하고, 두려움 때문에 손해를 보면서까지 가지고 있는 주식을 팔기도 하거든. 여기서 중요한 건 투자를 경험해 보지 않으면 뭐가 위험한지 알 수 없다는 거야. 그리고 투자를 하면서 느끼게 되는 감정들도 알 수 없지!"

선생님은 칠판으로 다가가 글자를 썼다.

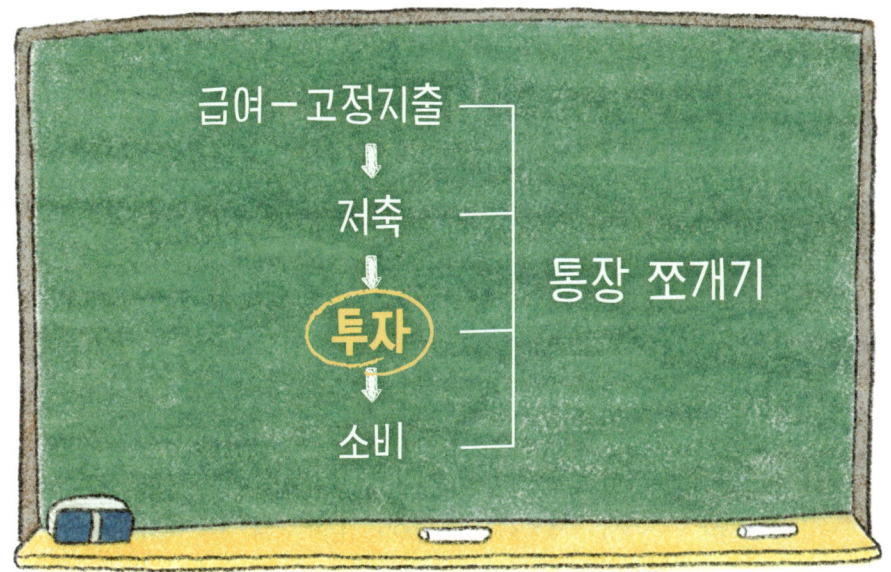

 "그래서 선생님은 여러분과 1년 동안 학급 화폐로 삼성전자나 애플 같은 실제 기업들에 투자해 볼 거란다. 너흰 소중한 학급 화폐를 투자하면서 어떤 이유로 그 회사의 주가가 오르거나 내리는지 잘 관찰하면 좋겠어. 그리고 투자를 할 때 스스로 어떤 감정을 느끼는지 살펴보는 것도 나중에 큰 도움이 될 거야."

 선생님의 말을 듣고 나니 친구들의 머릿속엔 여러 생각이 떠올랐다. '학급 화폐로 투자하다 보면 어떤 일이 벌어질까?', '나도 투자를 시작하면 원숭이가 되려나?'

그래도 실제 주식의 가격을 그대로 반영한 투자를 한다는 말은 친구들을 설레게 했다.

"오! 그럼 난 좋아하는 게임 회사에 투자해야지!"

"난 부모님이 추천하는 기업에 투자해 볼래!"

강호와 친구들은 기대 반, 두려움 반으로 심장이 콩닥거렸다.

소비의 규칙

급여를 받아 고정지출을 먼저 빼고, 저축과 투자할 돈을 빼놓은 친구들에게 드디어 기다리고 기다리던 소비의 시간이 왔다.

"선생님!! 이제 진짜 소비할 수 있는 거죠?"

"물론이지!"

"교실 뒤 상점에서 과자나 젤리를 사 먹을 수 있고, 청소 면제권이나 독서록 면제권, 음악 신청권을 살 수도 있어. 원하는 자리에 원하는 친구와 함께 앉을 수 있는 특권도 살 수 있지."

"우와!"

비록 고정지출도 내야 하고 저축과 투자도 해야 하지만, 어쨌든 교실에서 돈도 벌고 소비도 할 수 있다는 점이 매우 좋았다.

그리고 ==통장== ==쪼개기==로 돈의 용도에 맞게 통장을 나누고 관리하니 돈을 잘 모을 수 있을 것 같은 느낌이 들었다.

그때 갑자기 나은이가 툴툴거리며 말했다.

"칫, 나는 소비도 많이 하면서 좀 즐기고 싶은데, 이렇게 하면 마음껏 소비할 수 없잖아요. 급여 받자마자 고정지출 내고, 저축이랑 투자를 하고 남는 돈으로 소비하려니까…. 애초에 남는 돈도 별로 없는데… 어떻게 돈을 많이 써요! 😢"

"너처럼 쓸 생각만 하는 애들 때문에 선생님이 통장 쪼개기를 알려 주신 거겠지?"

동현이와 친구들이 나은이를 보며 웃었다.

"잠깐! 우리 나은이가 방금 아주 중요한 개념을 설명해 줬는 걸? 모두 나은이에게 박수 한번 쳐 줄까?"

아이들은 이해가 되지 않는 표정이었지만 일단 나은이를 향해 박수를 쳤다. 난데없이 박수를 받은 나은이도 당황스럽긴 마찬가지였다.

"경제학에는 ==행동== ==장치==라는 개념이 있단다. ==원하는 것을 얻기 위해 스스로 규칙을 정하고 따르는 것==이지. 여러분이 나중에 커서 과소비의 유혹에 빠지지 않고 돈을 모으고 싶다면 통장 쪼개기 같은 행동 장치를 이용하면 좋겠지? 나은이 말대로 마음껏 소비하고 싶어도 할 수 없도록 규칙을 만드는 거니까!"

"역시 난 천재야! 사실 선생님이 이런 설명을 할 줄 이미 알고 있었다고!"

"뭐라고?"

방금 전과 180도 확 바뀐 나은이의 말에 선생님과 아이들이 크게 웃었다.

"선생님! 통장 쪼개기를 하다 보니 폭포가 떠올라요!"

현지가 차분하게 이유를 설명했다.

"위에서 '급여'라는 물이 한 칸씩 떨어지면서 저축 통장과 투자 통장을 지나 마지막에 소비 통장에 도착하잖아요!"

"오, 선생님도 생각 못 했는데 아주 훌륭해! 그럼 다들 통장 쪼개기로 1년 동안 돈 관리를 잘해 봅시다!"

통장을 더 쪼갤 수도 있어요!

통장 쪼개기는 잘 배웠나요?

'돈의 용도에 맞게 통장을 나눠서 돈을 관리한다.', '돈을 쓰기 전에 저축과 투자를 먼저 한다.' 참 쉽죠?

선생님은 급여, 저축, 투자, 소비, 이렇게 네 개의 통장으로 나누는 방법을 알려 주었지만, '비상금 통장'을 추가해서 다섯 개의 통장으로 나누어 돈을 관리할 수도 있어요.

그리고 저축 통장, 투자 통장, 소비 통장 안에서도 용도에 맞게 통장을 또 나눌 수 있답니다.

예를 들어, 소비 통장을 식비 통장과 교통비 통장, 데이트 통장 등 구체적인 용도로 더 나눌 수도 있어요. 투자 통장도 단기 투자, 장기 투자처럼 투자 기간에 따라 나눌 수도 있고요.

이처럼 돈을 용도에 맞게 통장으로 나눠서 관리하는 것은 돈 관리의 기본이랍니다.

'행동 장치'에 대해 좀 더 알고 싶어요!

그런데 선생님은 왜 학생들에게 통장 쪼개기를 알려 줬을까요?

바로 스스로 소비를 제어하기 힘들기 때문이에요. 그래서 돈을 쓰기 전에 고정지출과 저축, 투자를 먼저 뺀 거예요. 마음껏 쓰고 싶어도 쓸 돈이 남아 있지 않도록 미리미리!

이처럼 '원하는 결과를 얻기 위해 스스로 행동에 제약을 가하는 것'을 '행동 장치'라고 합니다.

그러면 돈 관리를 위한 행동 장치의 또 다른 사례를 알아볼까요? 바로 신용카드 대신 체크카드를 쓰는 거예요.

어른들이 마트나 가게에서 계산할 때 쓰는 카드에는 두 가지 종류가 있어요. 신용카드와 체크카드입니다. 신용카드를 이용하면 여러분에게 돈이 없어도 카드사와 미리 약속한 금액 내에서 사고 싶은 물건들을 살 수 있어요. 물건 값은 다음 달에 통장에서 빠져나가거나 몇 개월에 걸쳐서 빠져나가게 할 수 있죠. 그러니 지금 당장 돈이 없어도 원하는 만큼 소비를 할 가능성이 높아요.

반면 체크카드를 이용해서 물건을 사면 그 즉시 통장에서 돈이 빠져나가요. 만약 통장에 돈이 없다? 당연히 물건을 살 수 없답니다. 그러니 자동으로 통장에 돈이 있는 만큼만 소비하며 절약하게 돼요.

행동 장치는 돈 관리뿐 아니라 일상생활에서도 만들 수 있어요. 스스로 조절하기 힘든 분야가 있다면 자신만의 행동 장치를 만들어서 실천하는 건 어때요?

만약 스마트폰을 하느라 늦은 시간까지 잠을 못 잔다면?

잠자기 전에 스마트폰을 침대에서 멀리 떨어진 곳에 두는 것처럼 말이죠.

5장

우리 반 나이 18세, 군대 당첨!

어느새 4월이 되었다. 3월 초까지는 패딩을 입어야 할 정도로 추웠는데, 날씨가 따뜻해지며 봄이 오고 있었다. 그리고 아이들이 보는 칠판에도 아주 작은 변화가 생겼다. 바로 '우리 반 나이'가 열세 살에서 열여덟 살로 바뀐 것이다.

선생님이 한 달에 다섯 살씩 나이를 먹을 거라고 말씀하셨지만, 막상 나이가 변하니까 기분이 조금 이상했다.

강호가 평소와 다름없이 수업 준비를 하고 있는데, 교실 문 쪽에 앉아 있던 친구들이 갑자기 소리를 지르기 시작했다.

"와!!"

"선생님!"

"이게 뭐예요?"

선생님이 군화와 군복에 빨간 모자까지 쓰고 교실로 뚜벅뚜벅 들어왔다.

"지금부터 모든 대답은 '악'으로 통일합니다. 알겠습니까?"

강호를 포함한 반 친구들은 놀라서 벌어진 입을 다물 수 없었다. 13년의 길지 않은 인생이지만, 유치원과 초등학교 인생을 통틀어 선생님이 군복을 입고 교실로 들어오는 장면은 상상조차 해 본 적 없었기 때문이다.

"지금은 4월입니다. 그러면 우리 반 나이는 몇 살입니까?"

"열여덟 살이요!"

"'요'? 군대에서 모든 대답의 끝은 '다나까'로 통일합니다. 알겠습니까?"

"악!!"

선생님의 달라진 말투에 아이들이 모두 소리 내어 웃었다.

"조금 이르긴 하지만 다 함께 군에 입대하도록 하겠습니다."

선생님의 발표에 많은 친구가 놀랐다.

"구… 군대?"

"육군, 해군, 공군 중에 어디로 갑니까?"

"진짜 갑니까…?"

선생님은 친구들의 이해를 돕기 위해 입대 영상을 보여 주었다.

화면에는 제비뽑기 현장 앞에서 초조히 순서를 기다리는 사람들이 보였다. 제비뽑기 후 군대 면제를 받아 기뻐하는 스님과 붉

📌 **태국의 입대 규칙**

1. 제비뽑기를 통해 군대에 갈 사람을 정한다.
2. 제비뽑기 전에 자원입대하면 1년만 복무한다.
3. 자원입대를 하지 않고 제비뽑기를 했는데 군대에 당첨되면 2년 동안 복무해야 한다.

* 자원입대 : 스스로 원해서 군대에 감

은색을 뽑아 좌절하는 한 청년의 모습도 보였다.

"악, 제비뽑기로 군대 가는 나라가 있어?!"

아이들은 망연자실했다.

군대가 가져온 인생의 변화

"영상 잘 봤습니까? 우리 반 나이가 열여덟 살이 되었으니 군대에 가도록 하겠습니다."

📌 우리 반 입대 규칙

1. 제비뽑기로 군대에 갈 여섯 명의 학생을 뽑는다.
2. 군대에 가면 투자 노트 목표 한 개당 벌 수 있는 돈이 절반으로 줄어든다(10만 원 -> 5만 원).
3. 자원입대하면 목표 한 개당 8만 원을 받을 수 있다.
4. 입대하고 한 달 뒤, 우리 반 나이 스물세 살이 되면 제대한다.

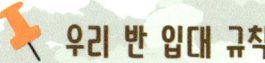

 선생님이 '우리 반 입대 규칙'을 설명하자 입대를 눈앞에 둔 아이들이 술렁이기 시작했다.
 "그럼 제비뽑기로 군대에 가게 되면 다섯 개 목표를 다 달성해도 25만 원 밖에 못 벌잖아!"
 "고정지출 10만 원 내고 나면 15만 원밖에 안 남아.😭"
 아이들은 머릿속으로 열심히 계산했다.
 "선생님! 저 그냥 자원입대할게요!"

"저도요!!"

자원입대하겠다는 친구들도 있었고, 운에 맡기겠다는 친구들도 있었다.

"자, 그럼 제비뽑기를 진행하겠습니다."

'제발 나만 걸리지 마라. 제발….' 다들 속으로 간절하게 기도했다.

"첫 번째 번호는… 9번! 9번은 누구지?"

"강호요!"

"와!!"

친구들이 모두 환호했다. 자기가 걸리지 않았다는 안도감도 한 몫했지만, 왠지 모르게 다른 친구가 걸린 게 재미있었기 때문이다.

"ㅋㅋㅋㅋㅋ 강호야, 축하해~!"

"야, 나처럼 자원입대를 했어야지~."

"어쩌냐, 강호야!"

강호는 이 순간을 믿을 수 없었다. '돈을 많이 모아서 교실에서 행복하게 지내려고 했는데…. 하필이면 첫 번째로 군대에 걸리다니!'

"자, 다음 번호는 12번!"

"와!! 12번은 누굴까?"

이렇게 제비뽑기와 자원입대를 통해 총 여섯 명의 학생들이 입대하게 되었다. 군대에 가게 된 아이들의 표정은 그리 좋지 않았다.

앞으로 인생에서 비슷한 일이 또 있을까?

"선생님! 군대에 가는 바람에 한 달 동안 거의 100만 원 손해예요!"

"다른 친구들보다 엄청 불리하게 인생 게임을 시작하는 거잖아요. 😢"

입대를 앞둔 아이들의 입에서 불만이 터져 나왔다. 선생님은 조용히 미소짓고 있었다.

"얘들아, 근데 우리가 사는 현실 세계도 이와 좀 비슷하지 않니?"

동현이가 진지한 표정으로 말을 이었다.

"조금 슬픈 이야기지만 어느 나라, 어느 부모님한테 태어나느냐에 따라 인생이 달라지기도 하잖아. 예를 들어 가난한 나라에서 태어나 어릴 때부터 굶주림에 고통받는 사람들도 있고, 부유한 나라에서 태어났지만 불우한 환경을 만나 학대를 당하는 사람들도 있고…."

아이들의 날선 감정은 누그러들었지만, 여전히 조금은 부루퉁한 모습이었다.

"앞으로 너희들이 어른이 되었을 때, 항상 행복하고 좋은 일만 있을 수는 없을 거야. 제비뽑기로 군대에 당첨되어 경제적으로 남들보다 조금 더 힘든 것처럼 말이지. 앞으로 살면서 이와 비슷한 일이 또 생길 수도 있지 않을까?"

"음…."

군대에 당첨된 친구들을 눈앞에서 보고 나니 선생님의 말씀이 실감났다. 그래서 13년의 인생 동안 단 한 번도 생각지 못한 질문이지만, 다들 진지하게 고민해 보았다.

"요즘은 일자리를 구하기가 힘들다는 말을 들었어요. 취업이 안 되거나 취업이 돼도 급여가 너무 낮으면 힘들 것 같아요!"

"병에 걸리거나 경기가 나빠져서 일자리를 잃게 될 수도 있을 것 같아요."

"아, 선생님! 선생님이 저희를 군대에 보낸 이유를 알겠어요!"

강호가 뭔가 깨달은 듯 소리쳤다.

"앞으로 우리 인생에서도 뭔가 예상치 못한 일들이 생길 수도 있으니까 미리 체험하게 해 주신 거죠? 저희한테 교훈을 주려고!"

"오, 똑똑한걸? 강호 말이 맞아. 그럼 이번 일을 통해 어떤 교훈을 얻었니?"

"살다 보면 어쩔 수 없이 안 좋은 일이 생길 수도 있으니 저축과 투자 같은 금융 공부를 열심히 해서 조금이라도 대비를 해야 할 것 같아요!"

"돈에 대해 더 관심을 가져야겠어요!"

"이번 입대 경험을 통해 좋은 인생 공부를 한 것 같구나! 아직

여러 인생 게임이 남아 있으니 군대에 가게 되었다고 너무 실망하지 말고 다들 파이팅! 그나저나 군복을 입고 있으니까 너무 더워서 안 되겠다. 빨리 갈아입고 올게. 😉"

'선생님이 말씀하신 인생 게임이 이런 거구나…. 앞으로 어떤 일이 일어날지 모르니, 마음을 단단히 먹어야겠어!' 강호와 친구들은 굳게 다짐했다.

어떤 은행에 돈을 맡겨야 하나요?

이미 우리는 은행에 돈을 맡기는 '예금'에 대해 알아봤어요.

은행에 예금을 하면 은행이 '저희에게 돈을 맡겨 주셔서 감사합니다!'라고 하며 여러분에게 '이자'를 준다고 했죠. 더 정확히는 '예금 이자'를 줍니다.

그런데 잠깐!

만약 여러분이 은행에 100만 원을 예금한다고 해 볼게요. 이때 사과은행은 3만 원을 이자로 준다고 하고, 바나나은행은 4만 원을 이자로 준다고 합니다.

과연 우리는 어떤 은행에 예금하는 게 좋을까요?

당연히 바나나은행에 예금하는 게 좋겠지요? 같은 돈을 맡겼는데 이자를 더 주니까요! 이때 이자로 얼마나 줄지 숫자로 표시한 것을 이자율 또는 금리 라고 합니다.

$$\frac{3만\ 원(이자로\ 받는\ 돈)}{100만\ 원(은행에\ 맡긴\ 돈)}$$ 은행

VS

$$\frac{4만\ 원(이자로\ 받는\ 돈)}{100만\ 원(은행에\ 맡긴\ 돈)}$$ 은행

이렇게 분수로 쓴 이자를 백분율을 이용해 퍼센트로 바꾸면 어떻게 될까요? 사과은행의 금리는 3퍼센트, 바나나은행의 금리는 4퍼센트가 됩니다.

$$\frac{3만\ 원}{100만\ 원} \times 100 = 3\%　 \text{VS} 　\frac{4만\ 원}{100만\ 원} \times 100 = 4\%$$

🍎 은행　　　　　　　🍌 은행

여러분이 은행에 돈을 맡길 때는 조금이라도 '예금 금리'가 높은 곳을 선택하는 게 좋아요. 그러면 은행에서 돈을 빌릴 때는 어떨까요?

조금이라도 이자를 적게 낼 수 있도록 '대출 금리'가 낮은 은행을 찾아 선택하는 게 좋을 거예요.

6장
친구들과 함께하는 내 인생 첫 투자

"강호야, 넌 어떤 기업에 투자할 거야?"

강호와 동현이가 함께 등교하며 이야기하고 있었다. 선생님이 한 학기 동안 투자할 실제 기업을 조사해 오라는 숙제를 내 주셨기 때문이다. 강호가 두 주먹을 불끈 쥐며 말했다.

"나? 아직은 잘 모르겠어. 근데 그냥 하루 만에 두 배, 세 배씩 팍팍 오르는 주식은 없을까? 나는 한방에 화끈하게 돈 벌고 싶단 말이야!"

"물론 그런 기업이 있을 수도 있겠지. 하지만 그런 주식들은 뭔가 위험할 것 같은데? 내가 아직은 투자를 잘 몰라서 그런지 위험한 기업보다는 안전한 기업에 투자하고 싶어."

동현이는 인생 첫 투자인 만큼 시작을 안정적으로 하고 싶었다.

"그래? 난 그냥 투자로 돈 많이 벌고 싶은데! 선생님이 투자 결과에 따라 선물도 주신다고 하셨잖아. 선물로 어떤 걸 주시려는 걸까?"

동현이와 인생 첫 투자에 대해 이야기를 나누다 보니 어느새 교실에 도착했다. 친구들도 집에서 조사해 온 기업에 대해 활발하게 대화하고 있었다.

"나는 삼성전자에 투자할 거야. 우리나라를 대표하는 기업이잖아."

"나는 내가 좋아하는 게임 회사인 로블록스에 투자하고 싶어. 아빠가 성장도 빠르고 안전하다고 했단 말이야."

"정말? 그럼 나도 내가 좋아하는 아이돌이 있는 SM엔터테인먼트에 투자해야지."

투자해 보고 싶은 기업도, 투자하는 이유도 모두 달랐지만 인생 첫 주식 투자를 경험한다는 생각에 다들 한껏 들떠 있었다.

내가 투자할 기업, 돈을 잘 벌고 있을까?

교실에 들어온 선생님은 아이들을 보며 말했다.

"다들 투자라고 하니까 뭔가 큰돈을 벌 수 있을 것처럼 생각하는구나. 하지만 처음 투자하는 돈인 원금을 잃을 수도 있는 게

바로 투자야. 은행에 100만 원을 '예금'하면 원금 100만 원을 나중에 무조건 돌려받을 수 있지만, 어딘가에 100만 원을 '투자'하면 원금을 나중에 무조건 돌려받을 수 있다는 보장이 없지."

원금을 돌려받지 못할 수도 있다는 말에 아이들이 웅성거렸다.

"그러면 저희보고 왜 투자할 기업을 조사해 오라고 하신 건가요?"

"분명 투자는 위험할 수 있어. 하지만 위험하다고 해서 평생 투자를 하지 않고 살아간다면 그것 역시 위험할 수 있단다. 평생 투자 경험이 한 번도 없는 사람이 누군가의 말만 듣고 덜컥 투자를 했다가 전 재산을 날리는 경우도 있거든. 그러니 스스로 투자해 보고 어떤 것이 위험한지 구별할 줄 아는 눈 정도는 기르는 게 필요하겠지?"

"하는 것도 위험, 안 하는 것도 위험하다고요?"

"그럼 우리더러 어떻게 하라는 말이에요?"

친구들이 이해할 수 없다는 듯 소리쳤다.

"그러니까 어릴 때부터 조금씩 투자를 경험해 가면서 안전하게 투자하는 방법을 익혀 보자는 뜻이야. 너무 조급해하지 말고. 알았지? 😊 간단한 이야기를 먼저 들려줄게."

강호의 푸드 트럭 이야기

요리 실력이 빼어난 강호는 자신만의 비밀 소스를 내세운 스테이크 도시락으로 장사를 시작했어요!

직원과 함께 푸드 트럭에서 점심시간마다 맛있는 도시락을 팔고 있죠.

강호가 SNS에 멋진 사진과 함께 광고를 올렸는데….

웬걸! 대박이 났어요.

오늘 하루 동안 1만 원짜리 스테이크 도시락을 무려 100개나 팔았습니다.

"얘들아, 강호가 스테이크 도시락을 팔아서 번 돈의 총액은 얼마일까?"

"음… 1만 원이 100개니까 100만 원이요!"

현지가 재빨리 계산을 끝내고 대답했다.

"이렇게 판매한 물건의 개수와 가격을 곱한 금액을 매출액 이라고 해."

"와~, 하루에 100만 원이나 벌었다! 상상이라지만 기분은 좋은 걸? 이렇게 한 달, 30일이면 3천만 원 정도는 그냥 버네!"

강호가 활짝 웃으며 좋아하자 현지가 끼어들었다.

"잠깐! 방금 '100만 원이나 벌었다.'고 했어? 그런데 정확히 말하면 100만 원을 번 게 아니지!"

찬물을 끼얹는 듯한 현지의 말에 강호는 몹시 당황했다.

"무슨 소리야. 나도 곱하기 정도는 잘한다고! 하루에 100만 원을 벌었고, 한 달 동안 쉬지 않고 일하면 '100만 원 곱하기(×) 30일'이니까 3천만 원 맞잖아!"

"만약에 네가 스테이크에 진심이라서 최고급 한우를 사느라 재료비로만 스테이크 도시락 1개당 2만 원을 썼다면 어쩔래?"

예상치 못한 현지의 질문에 강호도 재빨리 매출액을 계산해 보았다.

"재료비로 2만 원을 쓰는데 1만 원에 팔면, 한 개를 팔 때마다… 1만 원씩 손해잖아!"

"현지가 잘 지적해 줬구나. 현지가 말한 상황처럼 버는 돈보다 쓰는 돈이 더 많은 상황을 적자 라고 해. 반대로 쓰는 돈보다 버는 돈이 더 많으면 흑자 라고 하지.”

강호는 선생님의 설명을 들으며 곰곰이 생각을 정리해 보았다.

"그러면 당연히 흑자가 더 좋은 거네. 그리고 내가 1만 원짜리 스테이크 도시락을 100개 팔아서 매출액이 100만 원이 되어도, 그게 내가 진짜 번 돈은 아닌 거네. 재료비를 생각 못 했으니까.”

강호가 혼자 중요한 개념을 깨우치자 현지가 웃었다.

"강호야, 재료비 말고 또 있어. SNS 광고도 하고, 푸드 트럭에 직원도 있다고 했잖아. 직원에게 월급도 줘야지!”

"으아~, 장사가 쉬운 게 아니구나….”

부자 되는 게 쉬울 줄 알았던 강호의 표정이 시무룩해졌다.

"강호랑 현지가 말한 것처럼 진짜 번 돈을 구하려면 매출액에서 재료비, 광고비, 직원 월급 등을 빼야 해. 만약 강호의 하루 매출액이 100만 원인데 재료비, 직원 월급, 광고비로 하루에 50만 원을 썼다면, 실제로 얼마를 번 걸까?”

"제가 번 돈은 매출액 100만 원에서 쓴 돈 50만 원을 빼고 남은 50만 원이겠네요!”

"그래, 강호가 말한 것처럼 매출액에서 재료비, 광고비, 직원 월급 같은 비용을 뺀 금액을 영업이익 이라고 한단다. 영업(장사)을 해서 실제로 번 이익(돈)이란 뜻이지.”

친구들 모두 이해했다는 듯이 고개를 끄덕였다.

"그런데 갑자기 왜 이런 걸 알려 주시는 거예요? 우리는 분명 주식 투자를 한다고 하셨잖아요."

"여러분이 투자할 회사가 돈을 잘 벌고 있는지 확인하기 위해서란다. 강호가 스테이크 도시락 장사를 해서 돈을 버는 것처럼, 기업들도 제품이나 서비스를 팔아서 돈을 벌지. 기업들의 **가장 큰 목표는 돈(이윤)을 잘 버는 거야**. 이걸 **이윤 추구**라고 해. 그리고 기업이 얼마나 돈을 잘 버는지가 주식의 가격에도 영향을 끼쳐."

이제 강호와 친구들은 '돈을 번다.'는 말 안에 담긴 중요한 의미를 이해하게 되었다.

"그럼 이제 여러분이 조사해 온 기업들이 돈을 얼마나 잘 벌고 있는지 알아볼까?"

친구들이 선생님을 따라 인터넷으로 투자할 기업들을 조사하기 시작했다.

"제가 투자하려던 삼성전자는 작년 매출액이 300조 원이라고 나와요. 영업이익은 32조 원! 우와, 제가 생각하던 것보다 엄청 대단한 회사였어요!"

"아빠가 안전하다고 했던 게임 회사는 작년 매출액이 3조 원

● **삼성전자 기업 실적 분석(연간)** ●

전체 / 연간 / 분기   [단위: 억 원]

주요 재무 정보	연간			
	2021/12	2022/12	2023/12	2024/12
매출액	2,796,000	3,022,000	2,589,000	3,009,000
영업이익	516,000	434,000	66,000	327,000

인데 영업이익이 마이너스(-) 1조 2천억 원이라고 되어 있어요! 아, 뭔가 불안해요!"

"마이너스(-) 1조 2천억 원?"

상상도 못 한 큰 금액에 모두 깜짝 놀랐다. 강호 역시 매우 놀랐다. '4학년 때 배운 '억'이나 '조' 같은 단위를 여기서 써먹는구나.'

"아는 만큼 보인다고, 다들 훌륭한데? 전문가들이 말하길 장기적으로 주가, 즉 주식의 가격은 기업이 얼마나 돈을 잘 버는지에 따라 결정된다고 해. 물론 지금 당장은 적자라도 미래의 성장 가능성 때문에 주가가 오를 수도 있긴 하지만 말이야."

친구들은 진지한 표정으로 선생님의 말에 집중했다.

"이처럼 여러분이 주식 투자를 하기 전에 투자하려는 회사가 돈을 잘 벌고 있는지 확인하는 일은 매우 중요하단다."

기업도 축구 선수처럼 몸값이 있다?

다음날이 되자 친구들은 어젯밤 축구 국가대표팀 경기를 화제 삼아 이야기하고 있었다.

"야, 어제 축구 봤어?"

"손흥민 선수의 감아 차기가 장난 아니더라."

"이강인 선수의 드리블도 정말 멋있었어."

국가대표 축구 경기가 있을 때마다 맛있는 치킨을 먹으며 시청하는 건 너무나도 즐거운 일이었다.

"그런데 우리나라 선수 중 가장 몸값이 높은 선수는 누구일까? 아마 손흥민 선수겠지?"

"맞아! 손흥민 선수의 몸값이 700억 원 정도 된대. 전 세계 축구 선수 중에 손흥민 선수 몸값 순위는 100위 근처!"

"진짜? 내가 예전에 손흥민 선수의 몸값이 1천억 원을 넘는다는 이야기를 들었는

데 조금 줄었네? 몸값 순위도 예전엔 더 높았던 것 같고….”

"그래도 너무 대단한 것 같아. 인성도 좋고, 축구만 잘하는 게 아니라 얼굴도 잘생겼잖아!"

친구들이 축구 이야기를 하느라 모두 정신이 없을 때, 현지가 불쑥 끼어들었다.

"얘들아! 오늘 한 학기 동안 투자할 기업을 정하는 날인데 한가롭게 축구 얘기만 하고 있을 거야? 걱정되지 않아?"

"지난번에 매출액이랑 영업이익 다 알아봤는데 또 뭘 더해? 돈만 잘 벌면 되는 거 아니야?"

강호는 현지의 말이 이해되지 않았다.

"음… 사실 현지가 말한 대로 나도 살짝 불안해. 그래서 말인데, 축구 선수 몸값이나 각 나라 축구 대표팀의 피파 랭킹처럼 기업들도 뭔가 몸값이나 순위 같은 게 있지 않을까? 정말 그런 게 있으면 투자를 하면서도 조금 덜 불안할 것 같아!"

동현이도 현지와 같은 생각이었다. 학급 화폐로 하는 모의 투자라지만 소중한 돈인 만큼 신중해서 나쁠 게 없다고 생각했다.

"가끔 보면 너희들이 천재 같다니까! 선생님은 이런 순간에 큰 감동을 받는단다."

아이들의 대화를 지켜보던 선생님이 말했다.

"선생님! 듣고 계신지도 몰랐어요."

"너희들이 말한 것처럼 기업들도 몸값이 있어. 그걸 시가 총액 이라고 부르는데, 주식 시장에서 거래되는 그 회사의 주식을 모두 더해서 합한 값이야. 시가 총액이 높을수록 기업의 가치가 높게 평가되고 있는 거지!"

"와, 그런 게 있었어요? 그럼 어떤 기업에 안 좋은 일이 벌어져서 주가가 떨어지면 시가 총액도 떨어질 수 있겠네요?"

"빙고!"

"아~, 쉽네!!"

"그럼 제가 투자할 기업의 시가 총액도 한번 찾아볼래요."

"저도요!"

친구들 모두 황급히 투자하려던 기업의 시가 총액을 검색하기 시작했다.

"오, 내가 투자하려던 애플의 시가 총액이 전 세계 1등이야!"

나은이가 화들짝 놀라서 소리쳤다.

"나는 그냥 아이폰이 예뻐서 투자하려던 건데."

"그래? 애플은 시가 총액이 얼마인데?"

"4천 600조 원!"

"뭐?!"

친구들은 너무 놀라서 입을 다물 수 없었다.

"4천 600조 원? 와~, 엄청난데? 사회시간에 배웠던 우리나라 1년 국가 예산 기억나?"

동현이가 옆자리에 앉아 있던 강호를 쳐다보며 말했다.

"국가 예산? 그게 뭐더라?"

"우리나라가 국민에게서 세금을 거둬 1년 동안 쓰는 돈 말이야. 선생님이 설명해 주시면서 약 600조 원 정도 된다고 하셨거든. 그런데 애플의 시가 총액이 4천 600조 원이라니…. 완전 충격인걸?"

너무 큰 숫자라서 잘 와닿지 않았는데, 우리나라 1년 예산과 비교하고 보니 얼마나 대단한지 조금은 체감할 수 있었다.

"그럼 우리나라 기업들 중에서 시가 총액 1등은 어디일까?"

"잠깐, 이건 검색하기 전에 우리끼리 예측해 보자."

친구들은 어느새 기업 이름을 대며 내기를 하고 있었다.

"음… 아마도 현대자동차 아닐까? 전 세계에 자동차를 판다고 들었는데."

강호가 언젠가 뉴스에서 봤던 내용을 떠올리며 말했다.

"나는 삼성전자에 걸래! 우리나라 대표 기업이라고 들었거든."

궁금함을 못 참은 아이들이 재빨리 검색해서 결과를 확인했다.

"찾았다! 삼성전자는 520조 원, 현대차는 60조 원이네!"

"삼성전자가 우리나라 기업들 중 시가 총액 1등이래! 전 세계로 치면 22등이고. 뭔가 자랑스러운데?"

동현이의 눈에서 자부심이 느껴졌다.

"자동차 한 대 가격이 비싸니까 현대자동차가 돈도 많이 벌고 시가 총액도 더 클 줄 알았는데 아니었구나…."

내기에서 진 강호가 머리를 긁적였다. '그래도 시가 총액이라는 개념을 배우고 나니 뭔가 세상이 달라 보이는 것 같아.'

비록 가짜 돈으로 하는 모의 투자지만, 경제 공부를 통해 다들 차근차근 성장하고 있었다.

모의 투자를 위한 투자팀 만들기

갑자기 나은이가 소리쳤다.

"대박! 얘들아, 나 좋은 투자 아이디어가 떠올랐어! 이걸로 부자가 될 수 있겠는데?"

모두들 놀라서 요란하게 호들갑을 피우는 나은이를 쳐다보았다.

"전 세계 시가 총액 1등 기업에 내 전 재산을 몽땅 투자하는 거야. 전 세계 1등이니까 앞으로도 잘나가지 않겠어? 후훗, 이거 엄마 아빠한테도 알려 드려야겠는데!"

평소 엉뚱한 소리를 잘하는 나은이지만 이번엔 뭔가 있어 보이는 투자 전략 같았다. 그때 현지가 끼어들었다.

"축구 선수도 영원한 1등이 없듯이 기업의 세계에서도 영원한 1등은 없지 않을까? 이것 봐, 내가 검색해 봤는데 시간이 흐르는 동안 전 세계 1등 기업도 계속 변해 왔잖아."

쉽게 부자가 될 수 있을 거란 희망에 부풀었던 나은이의 표정이 금방 시무룩해졌다.

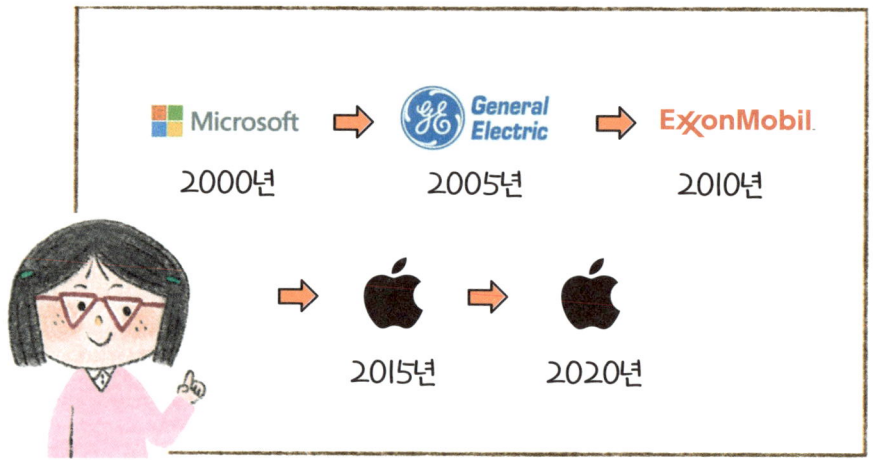

"그래도 우리 나은이가 기업에 대해 공부하고 고민해 본 후 투자하려고 했다니, 참 기특한걸? 그러면 신중하게 1학기 동안 어떤 기업에 투자할지 결정해 볼까? 모의 투자 수익률을 계산해서 우리 반 23명 중 1등, 12등, 23등은 선생님과 짜장면 데이트를 할 거야!"

"오, 짜장면이다! 1인 1짜장면 맞죠?"

짜장면 데이트라는 말에 친구들이 환호했다.

"잠깐만요! 선생님, 사 주시려면 1등부터 3등으로 하셔야죠! 왜 1등, 12등, 꼴등이에요?"

반에서 공부를 잘하는 몇몇 친구들이 손을 들고 이의를 제기했다. 아무래도 공부 성적처럼 투자 성적도 등수 안에 들 거라고 생각한 듯했다.

"우리가 모의 투자를 하는 건 단지 돈을 많이 벌어 보기 위해서가 아니란다. 투자를 하는 과정에서 다양한 경제 용어와 친숙해지고, 이 경험을 통해 어른이 되었을 때 더 나은 삶을 살기 위해서지! 우리는 인생을 미리 살아 보는 인생 게임을 하고 있으니까. 😉 투자를 해 보면서 주가가 하락한다고 투자에 등 돌리지 말고! 12등도, 꼴등도 선생님과 짜장면 데이트의 기회가 있으니 끝까지 최선을 다해 봐!"

"그럼 난 꼴찌를 노려야지! 1등 하는 것보다 꼴등 하는 게 더 쉬울 테니까!"

나은이가 자신 있다는 투로 말했다.

"과연 나은이가 하고 싶다고 해서 마음대로 꼴찌를 할 수 있을까? 주가를 예측하는 일은 정말로 어려워. 오죽하면 전 세계 인재들이 슈퍼컴퓨터나 각종 데이터를 활용해 주가를 예측하려 해도 번번이 틀릴까. 한번은 노벨 경제학상을 받은 사람들끼리 팀을 만들어 투자를 했거든? 그런데 그들도 파산하고 말았지!"

"정말요?"

강호는 노벨 경제학상을 받은 학자들도 투자로 파산했다는 사실이 너무 놀라웠다. 투자를 단순히 돈 버는 일 정도로만 생각했는데, 그러면 안 되겠다 싶었다.

"자, 지금부터는 같은 기업에 투자하는 친구들 서너 명씩 모여서 팀을 만들 거니까 잘 고민해 보렴!"

1학기 투자 운명을 결정지을 선택의 순간이 다가오자 다들 깊은 고민에 빠졌다. 선생님과 짜장면을 먹을 수 있다는 것도 좋았지만, 친구들 사이에서 '투자의 신'으로 불릴 수 있는 기회이기도

했다.

나은이가 먼저 손을 번쩍 들며 말했다.

"난 그냥 마음 편하게 전 세계 시가 총액 1등 기업인 애플에 투자할래! 나랑 같이 팀 할 사람?"

"인생 첫 투자인데 안전하게 해야지! 나도 애플에 투자할래. 우리 애플 팀 만들자!"

첫 번째로 '애플 팀'이 만들어졌다.

"야, 우리나라 대표 기업인 삼성전자에 투자해야지!! 나랑 삼성전자 팀 할 사람?"

"나도 같은 생각이야. 우리 가족은 스마트폰도 무조건 갤럭시만 쓴다고!"

그렇게 두 번째로 '삼성전자 팀'이 만들어졌다. 강호도 삼성전자 팀에 들어갔다. 애플이 전 세계 시가 총액 1위라는 사실에 살짝 끌렸지만, 왠지 모르게 우리나라 기업인 삼성전자가 더 친숙하게 느껴졌기 때문이다.

에스파와 NCT를 좋아하는 학생들은 이미 자기네들끼리 모여 'SM엔터테인먼트 팀'을 만들었다. 평소 SM엔터테인먼트 소속 아이돌을 좋아하던 현지도 그 팀에 합류했다.

"최근 전 세계적으로 한류 열풍이 불면서 K-POP에 대한 관심이 뜨겁다고 들었어. 분명 SM엔터테인먼트에 투자하면 무조건 좋은 결과가 있을 거라고 확신해!"

그 외 테슬라 팀, 로블록스 팀, 현대자동차 팀이 만들어져서 우리 반에는 총 여섯 개의 투자팀이 만들어졌다.

과연 친구들은 인생 첫 투자에서 어떤 결과를 맞게 될까?

왜 투자에 관심을 가져야 할까요?

지금 이 책을 쓰고 있는 선생님의 교실에서는 진짜로 삼성전자, 애플 같은 기업이나 한국, 미국 같은 나라에 1년 동안 학급 화폐로 투자를 한답니다. 그래선지 가끔씩 이런 질문을 받아요.

"선생님은 왜 그렇게 투자에 진심이세요?"

투자가 중요한 이유는 셀 수 없이 많지만, 그중 하나를 뽑는다면 '물가 상승' 때문입니다. 물가는 물건이나 서비스의 값으로, 보통은 시간이 흐를수록 오르는 경향이 있습니다.

선생님이 어렸을 때는 보통 과자 한 개의 가격이 500원이었습니다. 1만 원권 한 장으로 과자를 스무 개나 살 수 있었어요. 하지만 지금은 물가가 올라서 과자 한 개의 가격이 2천 원 정도 됩니다. 똑같은 1만 원으로 살 수 있는 과자의 개수가 스무 개에서 다섯 개로 줄었지요.

1990년대  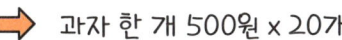 과자 한 개 500원 x 20개

현재  과자 한 개 2천 원 x 5개

이런 현상을 두고 가격을 기준으로 보면 '물가가 올랐다.'고 표현할 수 있어요. 물건의 가격이 500원에서 2천 원으로 비싸졌으니까요. 반면에 물건의 개수를 두고 생각하면 '1만 원의 가치가 하락했다.'고 볼 수도 있겠죠. 같은 1만 원으로 살 수 있는 과자의 개수가 스무 개에서 다섯 개로 줄었으니까요. 이렇게 물가가 올라서 돈의 가치가 하락하는 현상을 인플레이션 (물가 상승)이라고 해요!

그런데 만약 선생님이 어렸을 때 1만 원으로 과자를 사지 않고 삼성전자 주식에 투자했다면 어떻게 됐을까요?

마침 삼성전자가 사람들이 원하는 상품도 잘 만들고 기술력도 좋아서 무럭무럭 잘 성장한 거예요. 그래서 1만 원에 산 삼성전자 주식이 20년이 흐르는 동안 4만 원이 되었다면? 20년 뒤에도 지금처럼 2천 원짜리 과자를 스무 개 살 수 있을 거예요. 20년 전에도 스무 개, 지금도 스무 개, 20년 뒤에도 스무 개를 살 수 있는 거죠.

이처럼 투자가 중요한 이유 중 하나는 인플레이션을 방어할 수 있다는 점 때문이랍니다.

1장

우리 반 나이 23세, 대학교 가자!

 4월의 마지막 날, 따스한 봄 햇살이 스며든 교실에서는 전역식이 진행되고 있었다. 군 복무를 끝낸 친구들이 한 명씩 소감을 이야기했다.

 "한 달이었지만 뭔가 다른 애들이랑 같은 일을 해도 모으는 돈에서 차이가 나니 기분이 이상했어. 달리기 경주를 하는데 같은 출발선에서 시작하는 게 아니라 나만 뒤에서 시작하는 느낌이라고 할까?"

 "제비뽑기로 군대에 갔지만 좋은 경험이었어! 선생님이 말씀하신 것처럼 우리 인생에서 이렇게 소득이 감소하거나 경제적으로 어려운 시기가 있을 수도 있잖아. 앞으로는 '돈 공부'에 더 관심을 가져야 할 것 같아."

 "생각해 보니 지금 이 순간에도 우리나라를 지키고 계신 군인 아저씨들께 너무 감사하더라. 나는 군대에 가는 게 그냥 나이가 되면 가는 건 줄 알았거든? 그런데 사회에서 누릴 수 있는 많은 것을 포기하고 간다는 게 몸으로 느껴졌어. 돈을 별로 못 버니까 진짜 실감나더라고!"

"자원입대한 거지만 돈을 적게 버니까 조금 속상했어. 이제는 끝나서 홀가분하다."

전역식이 끝나자 친구들은 조용히 자신들의 대화를 들으며 미소 짓고 계신 선생님께 질문했다.

"선생님, 이제 저희 스물세 살이 되는데, 또 뭐해요?"

"음! 스물세 살이 되었으니… 대학교에 갈까?"

"대학교요?"

"그래, 대학교! 선생님은 우리 인생에서 대학교에 진학할지 안 할지, 만약 대학교에 간다면 어떤 대학교에 갈지 그리고 어떤 학과를 선택할지 결정하는 게 매우 중요한 선택 중의 하나라고 생각하거든."

'군대에 이어 대학교라니?' 어떤 선택을 하느냐에 따라 교실 속 인생 게임에 영향을 미친다는 걸 경험한 아이들은 모두 선생님의 말에 집중했다.

대학교, 갈까 말까?

"우선 대학교 진학에 대해 여러분이 어떤 생각을 하고 있는지 매우 궁금한걸? 나중에 커서 진짜 대학교를 가야 될지 아니면 안 가도 될지 간단한 토론을 해 보자."

먼저 대학교 진학이 필요하다고 생각하는 친구들이 의견을 발표했다.

"대학교에 가서 전문적인 지식을 배우면 나중에 직업을 고를 때 선택의 폭이 넓어져요!"

"저는 의사나 변호사, 교사 같은 전문직을 갖고 싶은데, 그러려면 대학을 졸업한 뒤 국가에서 인정하는 자격증을 따야 한다고 들었어요."

대부분의 친구들은 미래의 '직업'과 연관 지어 대학교를 가야 하는 이유를 설명하고 있었다. 그때 동현이가 진지하게 자신의 의견을 말했다.

"저는 어른이 되었을 때 어떤 직업을 갖고 싶은지, 무슨 일을 하고 싶은지 아직 명확하지 않아요. 그래도 대학교에 가서 다양한 학문을 배우고 경험해 보고 싶어요! 그리고 관심사가 비슷한 친구들과 함께 공부하면서 이것저것 도전하다 보면, 서로 힘이 되면서 더 성장할 수 있을 것 같아요!"

　동현이의 말을 듣는 순간, 강호는 머리를 한 대 세게 맞은 것 같았다. 다른 친구들과 다르게 동현이는 대학교를 직업을 얻기 위한 곳이 아니라 학문을 배우는 곳으로 생각하고 있었다. 반드시 직업과 연결 짓지 않더라도 다양한 무엇인가를 새롭게 배우고, 도전해 보는 곳 말이다.

　이제껏 강호는 사회적으로 인정받고, 돈을 많이 벌기 위해 유명 대학교에 가야 한다고 생각해 왔다. 아직 초등학생이지만 학원에서 중학교 과정을 미리 공부하는 것도 이러한 이유에서였다.

　강호의 머릿속이 복잡해질 때쯤, 나은이가 웃으며 말했다.

　"솔직히 나는 대학교까지 가서 또 공부하기는 싫어. 캠퍼스의 낭만을 즐겨야지~! 그래도 삼성전자나 현대자동차처럼 누구나 아는 큰 기업에서 일하면 멋있을 것 같긴 해. 폼나게 사원증을 목에 걸고 한 손에 커피를 든 채 거리를 걷는 거지!"

　한쪽 어깨 너머로 머리카락을 휙 넘긴 나은

이가 말을 이었다.

"그런데 엄마가 그런 큰 회사에 들어가려면 이름난 대학교를 졸업해야 한다고 하더라고. 대기업들은 대학교를 매우 중요하게 본다나 뭐라나."

"오~, 나은이가 방금 레몬 시장에 대해 설명했구나."

"레몬 시장이요? 선생님, 그게 뭔데요? 전 그냥 엄마 이야기를 한 건데…."

"삼성전자나 현대자동차 같은 대기업에서 신입사원을 뽑는 담당자 입장에서 생각해 보자. 여러분이 신입사원을 뽑는 인사 담당자라면 어떤 신입사원을 뽑고 싶을까?"

강호는 자신이 담당자라면 어떤 사원을 뽑고 싶을지 진지하게 고민했다.

"음… 아무래도 유능하고 성실한 사람을 뽑고 싶을 것 같아요. 그래야 회사에 도움이 될 테고, 회사가 잘돼야 제가 받는 월급도 많아질 테니까요!"

"하지만 여태껏 매일 놀기만 하고 아무 노력도 하지 않은 사람들이 회사에 지원한다면? 수많은 지원자 중에 유능한 사람들과 그렇지 않은 사람들을 어떻게 구분하지?"

선생님의 말이 끝나기가 무섭게 아이들은 침묵에 빠졌다.

"아! 그래서 어떤 대학교를 나왔는지로 지원자들의 능력을 평가한다는 거군요! 좋은 방법 같은데요?"

강호가 대단한 발견을 한 듯 말했다. 하지만 바로 현지가 툴툴대며 반박했다.

"정말? 어떤 대학교를 나왔는지로 그 사람의 능력을 평가한다고? 그건 너무 불공평한 것 같아. 고등학교 때 건강이 안 좋았거나 가정 사정 때문에 공부를 못 했을 수도 있고, 유명 대학교에 입학하지 못했어도 그 후에 열심히 한 사람들도 있잖아!"

"현지가 날카롭게 지적했네. 그래서 출신 대학교를 보지 않거나 다른 방법으로 직원을 뽑는 회사들도 늘어나고 있어."

다들 초등학생이지만 대학교 진학을 주제로 한 토론에 진지하게 참여하고 있었다.

"선생님! 그런데 왜 아까 저보고 레몬 시장을 설명했다고 하신 거예요?"

나은이가 머리를 긁적이며 질문했다.

"레몬은 신맛이 나지? 예로부터 레몬은 품질이 안 좋은 물건을 빗대는 표현에 종종 사용되어 왔어. 레몬 시장에서는 어떤 레몬이 맛있는지 구별하기 어렵고, 잘못 고르면 엄청 시고 맛없는 레몬을 먹게 되지. 기업 입장에서도 마찬가지야. 일자리 시장에서는 어떤 직원이 유능한지 알기 힘들고, 잘못 뽑으면 큰 손해를 보게 되거든. 그래서 레몬 시장과 비슷하다고 이야기한 거란다."

"대학교 졸업장이 '레몬 시장'인 '일자리 시장'에서 나의 가치를 증명할 수 있는 수단이 될 수 있겠군요!"

동현이가 깔끔하게 정리했다.

"훌륭합니다!"

대학교와 기회비용

"이번엔 대학교를 꼭 갈 필요가 없다는 친구들의 주장을 들어볼까?"

"대학교에서 4년 동안 전공 학문을 열심히 공부해도 막상 취업할 땐 전공과 관련된 직업을 갖는 사람들이 많지 않대요. 예를 들어, 4년 동안 대학교에서 영어를 전공했는데 영어와 전혀 상관이 없는 공무원 시험을 준비하는 것처럼요!"

"아무 생각 없이 대학교에 가서 열심히 공부하지 않고 그냥 시간과 돈을 허비하는 사람들도 있다고 들었어요."

강호는 친구들의 이야기를 들으며 속으로 깜짝 놀랐다. '얘네

들은 초등학생이 어떻게 벌써 이런 걸 알지?'

"대학교에 가면 전문적인 지식을 공부하고 대학교 졸업장을 얻을 수 있지만, 4년 동안 시간과 돈을 모두 공부하는 데에 써야 해요."

현지가 침착하게 말했다.

"현지가 기회비용 에 대한 이야기를 해 주었구나."

"기회비용이요?"

"음, 기회비용은 여러분이 어떤 선택을 하는 대신 포기해야 하는 것들의 총합이란다. 현지가 말한 대로 대학교에 가게 되면 4년 동안 시간과 돈을 공부하는 데 써야 해. 그만큼 다른 곳에 쓸 수 있는 기회를 포기해야만 하지."

"에이~, 대학교 등록금이 얼마나 한다고요."

나은이가 별것 아니라는 듯 가볍게 말하자 재빨리 현지가 대학교 등록금을 검색했다.

"여기 나와 있네! 어떤 대학교, 어떤 과를 가는지에 따라 다르지만 대학교에 다니는 4년 동안 평균 2천 800만 원 정도를 등록금으로 지출한다는데?"

"뭐라고? 우와, 꽤 비싼데?"

나은이가 놀라서 눈을 동그랗게 떴다.

"등록금 말고도 대학교에 가지 않는 4년이라는 시간 동안 취업을 해서 돈을 벌 수도 있겠지? 아니면 자신이 진짜 원하는 게 무엇인지 탐색하는 시간을 가질 수도 있고."

"진짜 원하는 게 무엇인지 탐색한다고요?"

생각지도 못한 말을 들은 친구들이 고개를 갸웃했다.

"예를 들어, 맛있는 음식을 만들어서 다른 사람들에게 파는 게 꿈인 친구가 있다고 해보자. 그 친구는 대학교에 가서 요리를 배울 수 있을 거야. 하지만 그 시간 동안 아르바이트를 하며 유명한 맛집에서 노하우를 배우고 경험을 쌓을 수도 있겠지? 대학교 등록금 대신 부모님께 투자를 받아 자신의 가게를 열고 SNS로 홍보할 수도 있고."

선생님이 설명해 주니 기회비용에 대해 바로 이해가 됐다.

"그럼 여러분이 대학교에 가기로 결정했을 때의 기회비용은 무엇일까? 평균 대학교 등록금인 2천 800만 원과 대학교를 가지 않았다면 할 수 있었던 일들 중 가장 가치 있는 것이 되겠지?"

조금 전까지만 해도 대학교에 가는 게 좋겠다고 생각하던 아이들은 또다시 혼란스러워졌다. 기회비용이 생각보다 컸기 때문이다.

"선생님, 저는 그래도 대학교를 가는 게 안전하다고 생각해요.

물론 대학교에 갈 때 포기해야 하는 것들이 많고, 대학을 졸업한다고 원하는 직업을 무조건 얻을 수 있는 것도 아니지만, 그래도 확률은 올라가잖아요. 그리고 4년 동안 하나의 분야를 집중적으로 공부할 수 있고, 무엇보다 대학교에서 사귄 친구들이 나중에 큰 자산이 된다고 아빠가 말씀하셨어요."

동현이의 말이 끝나기가 무섭게 동현이의 라이벌 현지가 맞받아쳤다.

"동현아! 네 말도 맞지만 모두 같은 '전략'을 쓰면 어쩔 거야?"

"그게 무슨 말이지? 남현지? 같은 전략을 쓴다니?"

"우리 부모님 시절에는 대학교만 졸업해도 웬만하면 안정적이거나 원하는 직장에 들어갈 수 있었대. 대학교 졸업장의 가치가 그만큼 높았던 시절이었던 거지. 그리고 그런 모습을 본 사람들은 어느새 같은 전략을 쓰게 된 거야. 많은 시간과 돈을 투자해야 하지만 그래도 '대학교는 졸업하자.'는 전략! 그런데 똑같은 전략을 쓰는 사람들이 많아지니 어떻게 됐겠어? 그만큼 경쟁은 치열해졌고, 대학교를 졸업한 사람들이 많아지니까 대학교 졸업장의 가치는 예전보다 떨어지게 되었어."

갑자기 강호가 손을 번쩍 들고 현지에게 질문했다.

"현지야, 그러니까 네 말은 탕후루나 마라탕을 팔아서 성공하는 사람들이 많아지니까 그걸 본 다른 사람들도 똑같이 탕후루나 마라탕 집을 열게 되어서 경쟁이 매우 치열해지는 거랑 같다는 거지?"

"맞아, 강호야! 그렇게 되자 사람들은 자신의 적성이나 꿈과 상관없이 무조건 이름 있는 대학에 들어가는 일에 집중하기 시작했어. '철학'에 전혀 관심이 없어도 '서울대'라는 타이틀 때문에 '서울대 철학과'에 들어가는 것처럼 말이야."

현지는 새침한 표정을 지으며 말을 이었다.

"물론 지금도 대학교 졸업장은 큰 가치를 갖고 있지만, 모두가 같은 전략을 쓰니까 그 힘이 조금씩 약해지고 있다는 말을 하고 싶었어!"

13년 인생 동안 단 한 번도 생각해 보지 않은 주제를 두고 친구들 사이에서 뜨거운 토론이 벌어지고 있었다.

"정답은 없단다. 대학교 입학과 같은 중요한 선택을 하기 전에 내가 선택을 할 때 얻을 수 있는 이익과 포기해야 하는 것, 즉 기회비용을 잘 고려하는 게 중요하겠지? 그리고 어떤 선택을 하든 여러분의 선택에 책임감을 갖고 최선을 다하는 게 훨씬 중요할 거야!"

우리는 대학생

"그럼 우리 반에서도 대학교에 가 볼까?"
"대학교 가면 어떤 좋은 혜택이 있어요?"
아이들이 선생님께 질문을 쏟아냈다.

"한 달 동안 경제와 관련된 책을 네 권 읽고 독후감을 써 오면 대학교 졸업장을 받게 될 거야. 그리고 졸업하고 나면 주사위를 던져서 나오는 숫자만큼 매주 주급을 더 받게 되고."

"와! 그럼 주사위 숫자가 6이 나오면 매주 6만 원씩 더 받는 거네!"

"잠깐, 잠깐만! 만약에 주사위 숫자가 1이 나오면 열심히 독서록을 써도 매주 1만 원밖에 더 못 받는 거잖아."

졸업하고 나면 주사위 숫자만큼 주급을 더 받는다는 점에 환호하던 아이들은 또다시 소란스러워졌다.

"똑같이 대학교를 나와도 누구는 주급을 적게 받고 누구는 더

많이 받는 게 신기해요!"

"현실에서도 대학교를 졸업한다고 해서 무조건 급여가 많이 높아지는 건 아니니까.😊"

현실을 있는 그대로 반영한 인생 게임 세계관에 아이들은 고민이 깊어졌다.

"강호야, 너는 대학교 갈 거야?"

미간을 찌푸리며 열심히 고민하던 나은이가 물었다.

"글쎄, 잘 모르겠어! 난 가뜩이나 책 읽는 거 싫어하는데, 심지어 경제 관련 책을 네 권이나 읽고 독후감을 써 와야 하잖아. 근데 또 교실에서 돈 많이 벌어서 부자처럼 살고는 싶고… 어떡하지 😢?"

강호의 말이 끝나자마자 동현이가 끼어들었다.

"애들아, 아까 우리 토론할 때 이야기했잖아. 대학교는 아무 생각 없이 가는 게 아니라 진짜 자기가 성장하고 싶으면 가는 거라고. 평소 읽지 않던 경제 관련 책을 읽고 독후감도 써 보는 게 성장이라고 생각하면 대학교를 가는 것도 좋을 것 같아."

"난 좀 생각이 다른데?"

어느새 현지도 대화에 참여했다.

"우리가 아까 기회비용을 배웠잖아. 동현이 말대로 성장을 위해 대학교를 가는 것도 좋지만, 수학적으로 비용이 얼마나 드는지 확인하고 결정하는 것도 좋다고 생각해. 엄마가 물건 사기 전에 항상 가격 먼저 물어 보라고 하셨거든!"

현지가 선생님을 쏘아보며 물었다.

"자… 그런 의미에서 선생님, 대학교 등록금은 얼마죠? 좀 싸게 해 주세요!!"

"현지야! 어후, 많이 무섭구나. 🙂 인생 게임에서 대학교 등록금은 400만 원!"

"400만 원이요? 저희 400만 원 없어요!"

"400만 원이 어디 있어요!"

"너무 비싸요!"

"장학금으로 대학교 다니는 학생도 만들어 주세요!"

아이들은 등록금이 비싸다는 의견을 마구 쏟아냈다.

"400만 원은 선생님이 대출해 줄 거야. 물론 4개월 동안 매달 대출 이자를 내야 하지만, 나머지 돈은 선생님이 대신 갚아 줄게!"

"선생님, 그럼 대출 이자는 얼마예요?"

현지가 끝까지 집요하게 캐물었다.

"그건 아직 알 수 없어. 매달 학급 회의 때 주사위를 던져서 대출 금리를 정할 거니까."

"그러면 우리가 대학교 입학을 두고 고민할 때 생각해야 할 기회비용은 4개월 동안 내게 될 대출 이자가 되겠군요!"

현지는 이제야 깔끔하게 이해가 됐다는 듯 고개를 끄덕였다. 이제 친구들은 다시 깊은 고민에 빠졌다.

"음… 학자금 대출 이자가 얼마가 될지도 모르겠고… 내가 대학교를 나온다고 해도 만약 주사위 숫자가 1이 걸리면 오히려 손해 아닌가?"

"에이! 그래도 우리가 경제에 관한 책을 읽는 것 자체가 스스로에 대한 투자잖아! 워런 버핏 할아버지가 말씀하신 거 기억나? 가장 위대한 투자는 '스스로에 대한 투자'라고!"

"그러네! 나도 나한테 '위대한 투자'를 한번 해 볼까?"

"그래, 대학교에 가 보자!"

"그럼 이제 대학교에 갈 친구들은 손을 들어 볼까?"

깊은 고민 끝에 절반 이상의 친구들이 손을 들었다.

"좋습니다! 그럼 대학교에 가기로 한 친구들은 일주일에 한 권씩 경제 관련 책을 읽고 독후감을 써 오도록!"

우리 반 친구들이 대학교에 입학한 순간이었다.

수익률이 뭐예요?

강호와 친구들의 투자 인생이 본격적으로 시작되었습니다. 과연 어떤 결과가 친구들을 기다리고 있을까요? 플러스(+) 50퍼센트의 수익률? 또는 플러스(+) 100퍼센트의 수익률? 아니면 마이너스(-) 50퍼센트의 수익률?

잠깐, 잠깐!

방금 '수익률'이라는 단어가 나왔는데, 여러분은 잘 이해했나요? 수익률은 투자를 해서 얻은 이익을 퍼센트(%)로 나타낸 거예요.

예를 들어, 강호가 삼성전자에 10만 원을 투자했다고 가정할게요. 그런데 시간이 지나고 보니 10만 원에 산 삼성전자 주식이 어느새 12만 원이 되어 있는 거예요!

너무 기쁜 나머지 강호가 바로 팔아서 원금 10만 원을 제외하고 2만 원을 벌었다고 칩시다. 그렇다면 수익률은 어떻게 될까요?

$$\frac{2만 원(수익금)}{10만 원(처음 투자했던 돈)} = \frac{2}{10}$$

위에서 나온 $\frac{2}{10}$에 100을 곱해서 퍼센트로 나타내면요?

$$\frac{2}{10} \times 100 = 20\%$$

이렇게 나온 20퍼센트가 바로 수익률입니다.

반대로 10만 원을 투자했는데 2만 원을 잃었다면, 수익률은 어떻게 될까요?

$$\frac{-2만\ 원(손실금)}{10만\ 원(처음\ 투자했던\ 돈)} \times 100 = -20\%$$

수익률은 마이너스(-) 20퍼센트가 됩니다. 생각만 해도 슬프죠? 보통 전설적인 투자자들도 연평균 수익률 20퍼센트를 오랫동안 유지하는 경우가 정말 드물다고 합니다. 하지만 우리가 인생 게임 초반에 알아봤던 워런 버핏 할아버지는 1965년부터 2023년까지 매년 약 20퍼센트의 수익률을 보여 주었다고 해요. 역시 전설적인 투자자네요!

그렇다면 강호와 친구들의 수익률은 과연 어떻게 될지, 관심을 가지고 지켜봅시다!

우리 반에선 한 달, 한 달 지날 때마다 나이를 먹는 것 말고 바뀌는 것이 또 있었다. 바로 금리였다. 금리는 어딘가에서 돈을 빌린 대가로 내거나, 어딘가에 돈을 맡긴 대가로 받아야 하는 '돈의 가격'이다.

"자, 그럼 한국은행 총재는 앞으로 나와 볼까요? 주사위를 던져서 금리를 올릴지, 그대로 둘지 아니면 내릴지부터 결정하자."

한국은행 총재 직책을 가진 현지가 주사위를 들고 교실 앞에 섰다. 현재 우리 반 예금 금리는 4퍼센트, 대출 금리는 6퍼센트였다. 선생님은 칠판에 금리라는 글자를 세 개 적은 뒤 질문했다.

"총재가 주사위를 던지기 전에 한 번 더 복습하고 가자. 금리를 올리는 걸 뭐라고 했지?"

"금리 인상이요!"

선생님은 첫 번째 금리 옆에 인상이라고 적었다.

"금리를 내리는 건?"

"금리 인하!"

"그럼 마지막으로 금리를 그대로 두는 건 뭐다?"

"금리 동결!"

차례로 금리 인하, 금리 동결이라고 칠판에 적은 선생님이 천천히 뒤돌았다.

"그리고 한 가지 더 있어. 주사위를 던지기 전에 확률도 정해야 해. 주사위 숫자가 1이나 2가 나오면 금리 인하, 3이나 4가 나오면 금리 동결, 마지막으로 5나 6이 나오면 금리 인상! 자, 다들 동의하니?"

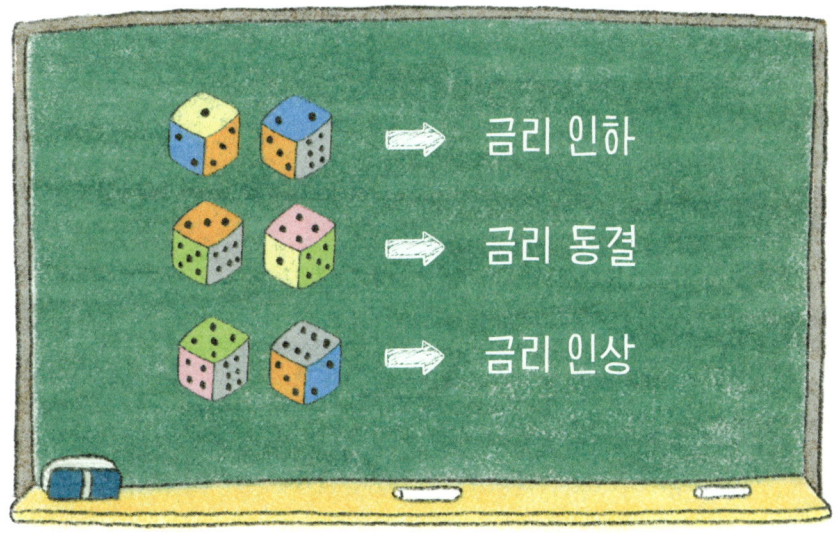

"네!"

반 친구들 모두가 주사위를 든 현지의 손을 긴장한 눈으로 쳐다보았다. 사실 금리에 울고 웃는 친구들이 생각보다 많았다. 학자금 대출을 받아서 대학교에 다니는 친구들이 꽤 있었기 때문이다. 강호가 얼굴을 찡그리며 투덜거렸다.

"후우, 나는 금리가 인하되면 좋겠어. 지금 학자금 대출이 400만 원 있는데 여기서 금리가 더 오르면 대출 이자를 많이 내야 하잖아."

"안 돼~! 나는 금리가 올라야 좋단 말이야! 대학교를 안 가서 학자금 대출이 없는 데다, 열심히 돈을 모아서 저축 통장에 500만 원을 넣어 두었다고. 그래서 금리가 올라야 예금 이자도 많이 받을 수 있어!"

대학교 진학을 선택하지 않은 나은이는 두 손을 꼭 모으고 금리가 인상되길 빌었다. 교실 앞에 나와 있던 현지가 주사위를 가볍게 돌리며 심호흡을 했다.

"자, 그럼 이제 한국은행 총재 현지는 주사위를 던져서 금리를 정해 볼까?"

현지는 모든 친구가 볼 수 있게 금리 주사위를 힘껏 던졌다.

금리에 울고 웃는 친구들

주사위가 바닥에 떨어진 순간, 친구들의 희비가 갈렸다.

"예~~~쓰!"

"안 돼!!"

"좋았어!"

"으악!"

"아자아자~!"

교실은 온갖 비명과 감탄사로 시끌시끌했다.

"주사위 숫자 5가 나왔으니까 어떻게 해야 하지?"

"금리를 인상해야 해요!"

대학교에 가지 않아 학자금 대출이 없는 친구들의 얼굴에 웃음꽃이 피었다. 반면 강호의 표정은 순식간에 어두워졌다.

"안 되는데…. 여기서 금리가 더 오르면 대출 이자가….”

"다들 진정하자. 아직 주사위를 한 번 더 던져야 해. 이번에 나오는 주사위 숫자를 기준으로 금리를 얼마나 올릴지 정할 거야. 주사위 숫자가 1이나 2가 나오면 1퍼센트 인상, 3이나 4가 나오면 2퍼센트 인상, 5나 6이 나오면 3퍼센트 인상이다."

강호는 긴장한 나머지 입안이 바짝바짝 말랐다.

"이제 주사위를 던져 볼까? 한국은행 총재, 준비되었나요?"

"네!"

현지가 차분하고 권위 있는 목소리로 대답했다.

"그럼 던져 봅시다!"

다시 한번 모든 친구의 시선이 현지를 향했다. 그리고… 주사위가 던져졌다.

"4!"

결국 '금리 2퍼센트 인상'이 결정되었다. 이렇게 해서 우리 반의 예금 금리는 6퍼센트, 대출 금리는 8퍼센트가 되었다. 그러자 학자금 대출을 받아 대학교에 진학한 친구들의 불만이 쏟아졌다.

"안 돼…. 그럼 대출 원금 400만 원에 대출 금리 8퍼센트를 곱하면 32만 원이니까, 학자금 대출 이자로 32만 원이나 내야 하잖아."

대학교에 진학한 친구들이 슬픈 표정으로 소비 통장에서 32만 원을 빼기 시작했다. 대학교에 진학하지 않아 저축을 많이 한 친구들은 싱글

벙글했다.

"저축 통장에 500만 원이 들어 있는데 예금 금리가 6퍼센트니까…."

"500만 원에 6퍼센트 금리를 곱하면… 30만 원! 아싸, 은행 이자로만 30만 원을 받네?"

예금 이자를 받게 된 친구들은 저축 통장을 꺼내 30만 원을 더했다. 정해진 금리에 따라 대출 이자를 내고 예금 이자를 받아 보니 금리가 실제 생활에 미치는 영향을 온몸으로 체감할 수 있었다.

"힝… 나중에 대학교를 졸업하면 대학교 보너스를 받겠지만, 지금 대출 이자를 내는 일이 만만치 않아."

"그러게, 너무 힘들어. 그래도 대학교에 와서 평소 안 읽었던 경제와 돈 관련 책도 읽으며 스스로에 대한 투자를 하고 있으니까 나쁘기만 한 건 아니잖아. 게다가 나중에 받게 될 대학교 보너스도 기대되고."

강호처럼 동현이도 학자금 대출 이자가 부담됐지만, 항상 긍정적으로 생각하려고 노력하던 습관이 이번에도 효과를 발휘하고 있었다. 그때 우리 반 한국은행 총재인 현지가 손을 들고 질문했다.

"선생님, 실제로 저희가 나중에 대학교 가서 학자금 대출을 받게 되어도 이렇게 금리가 높나요?"

"하하하! 걱정하지 마. 여러분이 실제로 대학교에 진학해서 학자금 대출을 받을 땐 대출 금리가 훨씬 낮은 수준일 거야. 국가에서 여러분에게 공부 열심히 하라고 일부러 금리를 낮게 책정해 놓았거든. 그리고 실제로 우리나라의 중앙은행인 한국은행에서 금리를 내리거나 올릴 때는 0.25퍼센트나 0.5퍼센트 같은 폭으로 조정한다는 점도 알아 두면 좋겠다."

"오, 정말 다행이네요!"

선생님의 설명을 듣던 나은이가 안도의 숨을 내쉬며 말을 이었다.

"그런데 한국은행에서 금리를 정할 때는 어떻게 하나요? 설마 우리 반처럼 주사위를 던져서 정하는 건 아니죠? 뭐, 그래도 재미있긴 하겠다. 😋 한국은행 주사위는 왠지 황금으로 만들어졌을 것 같아!"

나은이의 엉뚱하고 재미난 상상에 선생님과 아이들은 다 같이 웃음을 터트렸다.

"일단 우리 나은이가 한국은행에서 금리를 정한다는 사실을 이해하고 있어서 정말 다행이구나, 하하! 그런데 한국은행에서는 금리를 황금 주사위로 결정하지 않아."

"크~, 아쉽다!"

"한국은행에는 우리나라 최고의 경제 전문가들이 일하고 있어. 그곳에서 우리나라 경제가 잘 성장하고 있는지, 물가는 적절한지 등 여러 정보를 분석한 후 금리를 올릴지 내릴지 결정하지. 그리고 한국은행에서 결정하는 금리를 기준 금리 라고 해. 여러분이 알고 있는 국민은행이나 하나은행 같은 은행들이나 여러 금융회사가 금리를 정할 때 기준이 되는 금리라서 그렇게 부른단다."

"오, 그러니까 한국은행은 우리나라의 경제 상황을 분석해서 기준 금리를 정하는 거군요! 한국은행엔 대단한 분들이 정말 많으시네요. 멋있어요!"

동현이의 깔끔한 정리를 들으며 강호는 금리에 대한 걱정을 아주 조금 내려놓았다.

"이제는 다들 금리의 힘을 이해했지? 오늘 수업은 여기까지!"

어른들한테도 금리가 중요한가요?

주사위를 던져서 금리를 정하는 강호네 반 이야기, 잘 봤나요?

이야기를 읽으면서 이런 궁금증이 생긴 친구들도 있을 것 같아요.

"금리는 강호네 반 친구들에게만 중요하지, 어른들한테도 중요한가요?"

정답은… 굉장히 중요하답니다!

여러 가지 이유가 있겠지만, 여기서는 대출과 관련지어 설명해 볼게요. 왜냐하면 여러분이 생각하는 것보다 훨씬 많은 어른들이 다양한 이유로 어디선가 돈을 빌리거든요.

예를 들어, 어떤 어른이 집을 사기 위해 은행에서 3억 원을 대출받았어요. 은행에서 대출을 받았으니 당연히 대출 이자를 내야 합니다. 이때 대출 금리가 3퍼센트라고 한다면 이자로 얼마를 내야 할까요?

$$\text{대출 이자} = 3억 원 \times 3\% = 900만 원$$

1년 동안 은행에 대출 이자로 900만 원을 내야 합니다.

그런데 대출 금리가 2퍼센트 올라서 5퍼센트가 되었다고 할게요. 그러면 1년 동안 내야 하는 대출 이자는 어떻게 변할까요?

대출 이자 = 3억 원 x 5% = 1천 500만 원

　금리는 2퍼센트밖에 안 올랐는데 대출 이자로 600만 원이나 더 내야 하네요! 에이, 600만 원이 얼마 안 되어 보인다고요?
　그러면 대출금의 규모를 조금 더 키워 볼게요. 이번에는 자동차를 만드는 기업이 돈을 빌리려고 합니다. 자동차가 잘 팔려서 공장을 더 지어야 하거든요. 그래서 공장을 짓기 위해 1천억 원을 대출받았어요.
　이때 금리가 3퍼센트라면 대출 이자로 30억 원을 내야 합니다. 만약 금리가 5퍼센트로 올랐다면 대출 이자로 1년에 50억 원을 내야 하죠. 앗, 금리 2퍼센트 차이로 1년 대출 이자를 20억 원이나 더 내야 한다니!
　이처럼 금리는 사람들의 삶에 큰 영향을 미쳐요. 그래서 기준 금리를 정하는 한국은행에 우리나라 최고의 경제 전문가들이 모여 있는 거예요.

　마지막으로, 한국은행에서 기준 금리를 정할 때는 외부의 의견에 휘둘리지 않도록 '독립성'이 보장됩니다. 한국은행에 있는 경제 전문가들이 정보들을 취합해서 객관적으로 금리를 정해야 하는데, 대통령이나 국회 의원 같은 분들이 이래라저래라 영향력을 행사하면 안 되니까요!

중간 점검, 롤러코스터를 탄 투자

9장

    다양한 방법으로 투자할 기업을 조사한 강호네 반 친구들이 드디어 모의 투자 활동을 시작했다! 모의 투자 활동은 3단계에 맞춰서 진행되었다.

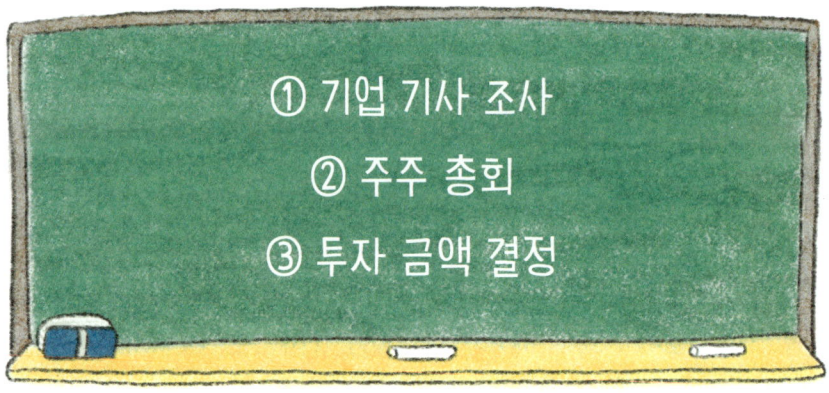

① 기업 기사 조사
② 주주 총회
③ 투자 금액 결정

    매주 수요일에는 '기업 기사 조사'가 진행되었다. 기업 기사 조사는 투자하는 기업에서 어떤 일이 일어나고 있는지 인터넷 검색을 통해 확인하는 활동이다. 애플 팀, 로블록스 팀, 삼성전자 팀 등 각 팀의 팀장인 친구들이 기사를 조사했다.

목요일에는 같은 투자팀 친구들끼리 기업 기사를 함께 읽어 보는 '주주 총회'를 가졌고, 금요일에는 '투자 금액 결정'을 하는 시간을 가졌다.

실적 발표는 기업의 성적표

오늘은 주주 총회의 날! 아빠의 적극적인 추천으로 로블록스 팀에 들어간 민서가 다급하게 교실로 들어오며 외쳤다.

"얘들아, 뭔가 안 좋은 일이 일어난 것 같아! 실적 악화라는데?"

"뭐? 실적 악화?"

'실적'이 정확히 무슨 뜻인지 몰라도 '악화'라는 단어가 붙었으

인생일보

메타버스 대표 기업 로블록스,
1분기 활성 사용자 감소로 실적 악화. 주가에도 먹구름

니 뭔가 안 좋은 일이 일어난 게 틀림없었다.

"실적이 무슨 뜻이지? 빨리 검색해 봐!!"

로블록스 팀 친구들이 다급하게 검색했다.

> **AI | 실적**
>
> 실제로 이룬 업적. 기업의 실적은 물건이나 서비스를 얼마나 잘 팔았는지로 결정됨.

"선생님이 주가는 보통 그 기업이 얼마나 돈을 잘 버는지와 관련 있다고 하셨는데…. 실적 악화는 좋은 일이 아니었네."

로블록스의 주가를 검색해 보니, 역시나 하루 만에 20퍼센트나 하락해 있었다. 열심히 모아 뒀던 학급 화폐로 투자를 했는데 안 좋은 기사가 뜨니 친구들은 마음이 무거워졌다.

어두운 분위기의 로블록스 팀 친구들을 쳐다보며 얼굴을 찡그린 나은이가 불만스러운 말투로 이야기했다.

"아니, 무슨 실적 발표 같은 걸 해서 주가가 하락하게 만드냐? 안 좋은 소식은 그냥 몰래 숨겨 두지…."

"난 반대야! 내가 투자하는 기업이 무슨 일을 겪고 있는지 숨

김없이 공개되어야 앞으로 어떻게 투자할지 결정할 수 있지."

동현이가 고개를 가로저으며 이야기했다. 그 모습을 옆에서 지켜보던 선생님이 말했다.

"너희들도 학교에서 공부를 하고, 시험을 보잖아. 그리고 시험 성적표를 통해 공부를 얼마나 잘했는지 확인하지. 성적표를 보고 부족한 부분이 무엇인지도 알 수 있고!"

"갑자기 시험 이야기는 왜 하시는 거예요?"

"아! 저는 성적표 이야기를 하신 이유를 알겠어요. 우리가 투자하는 기업들도 물건이나 서비스를 팔고 얼마나 돈을 잘 벌었는지 확인할 수 있도록 성적표를 공개해야 한다는 말이죠?"

"역시 동현이!"

선생님이 동현이를 보며 미소지었다.

"그런데 이런 실적 발표는 또 언제 해요?"

"후우, 실적 발표할 때마다 떨릴 것 같은데…. 설마 한 달에 한 번씩 발표하는 건 아니겠지? 그럼 힘들어서 투자를 어떻게 해. 😢"

몇몇 친구들은 실적 발표 때마다 뭔가 큰일이 일어날 것 같다며 불안해했다.

"너무 걱정하지마! 한 달에 한 번씩 실적 발표를 하면 기업들도 너무 힘들지 않겠니? 여러분이 중고등학생이 되면 1학기 중간고사, 기말고사, 2학기 중간고사, 기말고사, 이렇게 1년에 총 네 번의 시험을 보게 될 거야."

"아, 엄마한테 들었어요! 저희 형도 맨날 시험 기간만 되면 바빠 보였어요."

"기업들도 보통 1년을 네 개로 나눠서 실적을 발표해."

선생님이 칠판에 적으면서 설명을 이어 갔다.

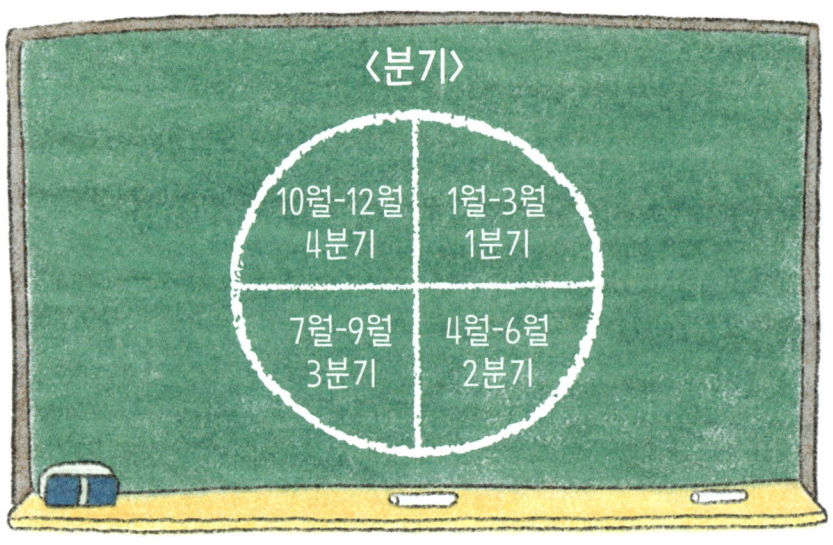

"이렇게 1년을 3개월씩 네 개로 나눈 것을 **분기**라고 해. 그리고 첫 번째 3개월은 1분기, 그다음 3개월은 2분기라고 불러. 기

업들은 3개월에 한 번, 분기별로 실적을 발표한단다. 그리고 여러분이 오늘 경험한 것처럼 기업들이 실적을 발표할 때마다 주가가 크게 오르기도 하고 떨어지기도 해."

예측 불가, 투자 결과

"으아악!"
"어, 어떡해!"

그때 갑자기 SM엔터테인먼트 팀 주주 총회에서 비명이 들렸다.

"오늘 주가 왜 이래? 우리는 실적 발표도 안 했는데 주가가 갑자기 10퍼센트나 떨어졌어!"

현지와 친구들이 깜짝 놀라서 재빨리 검색해 봤다.

인생일보

SM엔터테인먼트 소속 아이돌,
전속 계약 해지 후 새로운 소속사 이적
SM엔터테인먼트 주가 하루 만에 10퍼센트 급락

기사를 보자마자 몇몇 친구들이 눈물을 흘렸다.

"애들아…, 너희는 믿었던 아이돌이 다른 소속사로 가서 슬픈 거야? 아니면 주가가 떨어져서 슬픈 거야?"

"우이씨, 야!"

"둘 다다, 왜!!"

현재 은행에 돈을 맡겼을 때 받는 이자 수익률이 6퍼센트인데, 주식을 하면 단 하루 만에 그 이상의 돈을 잃을 수 있다는 사실을 친구들은 온몸으로 느끼고 있었다.

그리고 또 다른 곳에서 친구들의 비명이 들려왔다.

"아니, CEO가 자기 회사 주가가 비싸다고 말하고 다니면 어쩌냐고…. 😣"

인생일보

테슬라 최고경영자(CEO), 일론 머스크
"테슬라 주가 지금 너무 비싸다."
이 발언으로 테슬라 주가 하루 만에 10퍼센트 폭락

테슬라 팀은 회사 대표인 일론 머스크의 말 한마디 한마디에

주가가 왔다갔다해서 힘든 시간을 보내고 있었다.

"주가가 위아래로 막 움직이니까 너무 어지러운데? 롤러코스터를 탄 느낌이야. 무서워서 투자를 못하겠어."

테슬라 팀 친구가 허탈한 표정을 지었다.

"하하하, 아주 좋은 인생 경험을 하고 있구나? 😊"

선생님의 표정이 좋아 보였다.

"저희는 고생하고 있는데, 선생님은 왜 신나 보이죠?"

반 아이들이 밝은 표정을 짓고 있는 선생님을 원망의 눈초리로 쳐다보았다.

"선생님은 너희가 이런 모의 투자를 통해 돈을 잃어 보는 게 아주 값진 경험이라고 생각하거든! 그래야 투자를 쉽게 보지 않고, 돈을 소중히 여기겠지?"

실의에 빠진 친구들을 다독이며 선생님이 말을 이었다.

"주식 시장에서는 실적 발표뿐만 아니라 예측할 수 없는 여러 가지 이유로 인해 주가가 요동친단다. 우리 같은 일반인들은 기업의 실적이 어떻게 될지, 어떤 일들이 일어날지 예측하기 어렵기 때문에 삼성전자, 애플, 로블록스 같은 개별 기업에 투자하는 게 쉽지 않아."

"주식 투자 너무 어려워요!"

강호는 한숨을 내쉬며 투덜거렸다.

"후우, 그냥 주식을 돈으로 바꿔 주시면 안 돼요?"

"이럴 줄 알았으면 차라리 저축이나 할걸."

선생님은 입술을 삐죽거리며 툴툴대는 친구들을 보며 말했다.

"투자가 쉽지 않다는 걸 깨달았구나? 자, 어른이 되고 있는 걸 축하해!"

어떻게 투자할까?

주주 총회가 끝나고 금요일이 되었다. 안 좋은 소식으로 인해 주가가 떨어진 로블록스 팀과 SM엔터테인먼트 팀 친구들의 표정이 어두웠다. 반면에 최근 주가가 오르고 있는 애플 팀 친구들의 분위기는 밝았다.

"흐음, 이번 주에는 얼마를 투자할까?"

"아빠가 처음 투자하는 거니까 조금씩 돈을 나눠서 넣으면서 상황을 보라고 하셨는데…. 그냥 한 번에 100만 원을 투자하면 안 되려나?"

아이폰이 예뻐서 애플 주식에 관심을 가졌던 나은이가 얼마를 투자해야 할지 고민하고 있었다. 물론 애플의 시가 총액이 전 세계 1등이라는 점도 나은이가 애플에 투자하게 된 이유이긴 했다.

옆에서 애플 팀을 지켜보던 선생님이 등장했다.

"우리 나은이가 오늘도 친구들에게 좋은 공붓거리를 주는구나? 여러분 말대로 태어나서 처음으로 투자할 때는 돈을 나눠서 조금씩 하는 것도 좋아. 이렇게 ==한 번에 큰돈을 투자하지 않고 조금씩 나눠서 하는 것을 적립식 투자==라고 해."

"적립? 아, 마트나 쇼핑몰에서 쇼핑할 때 '포인트 적립'이라는 말을 들어봤어요!"

"포인트를 조금씩 쌓아 가듯이 투자금도 조금씩 쌓아 간다는 얘기로군요!"

"빙고! 적립식 투자를 하면 처음 시작할 때 좀 더 안정적으로 할 수 있어."

'안정적이라고…?' 강호도 조금씩 나눠서 투자하는 방법이 더 안전할 것 같다고 느꼈지만, 어째서 안전한지는 설명하기 어려웠다. 선생님이 설명을 계속 이어 갔다.

"너희들한테 100만 원이 있다고 가정하자. 그리고 평소 갖고 싶었던 삼성전자 주식에 한 번에 100만 원을 투자했어."

"오, 100만 원을 한 번에 투자! 완전 통 큰 투자!"

아이들이 키득거리며 웃었다.

"그런데 여러분이 투자하자마자 귀신같이 삼성전자에 안 좋은 일들이 연달아 생기는 바람에 주가가 바로 하락해 버린 거야. 기분이 어떨까?"

그리 어렵지 않은 질문이라 친구들은 바로 대답할 수 있었다.

"저라면 '아, 이런 상황을 생각해서 조금만 투자할 걸…'이라고 후회할 것 같아요."

"너무 무서울 것 같은데요? 투자금이 100만 원밖에 없는데 다 써 버려서 더 이상 할 수 있는 게 없으니까요."

"이제 삼성전자에 적립식 투자를 했다고 생각해 보자. 10만 원을 투자했는데, 이번에도 귀신같이 여러분이 투자하자마자 주가가 하락하기 시작했어. 자, 어떤 생각이 드니?"

선생님의 질문에 강호가 곰곰이 생각하다 대답했다.

"저는 10만 원만 투자했어도 주가가 하락하면 조금 무서울 것 같아요. 😢"

그때 동현이가 손을 들고 말했다.

"'오히려 좋아!'라는 생각이 들 수도 있을 것 같은데요?"

동현이의 대답에 강호와 친구들은 의아한 표정으로 머리를 긁적였다. '오히려 좋다고?'

"삼성전자의 미래가 장기적으로는 밝은데 이번에 잠깐 주가가 하락한 거라면 '좋은 주식을 싸게 살 기회를 주셔서 감사합니다!'라고 생각할 수도 있으니까요."

동현이가 칠판 앞으로 나와 그림을 그리며 설명하기 시작했다.

"삼성전자 주식이 1주당 10만 원이었는데, 조금씩 주가가 하락해서 5만 원이 됐다고 생각해 봐! 얼마까지 떨어질지 모르지만, 우리가 배웠던 적립식 투자를 적용해서 싼 가격에 주식을 사 모으는 거야!"

동현이가 열정적으로 그림을 그리며 설명했다. 친구들은 동현이의 설명에 빠져들었다.

"그리고 이렇게 싸게 사 둔 주식의 가격이 다시 올라간다면? 상상만 해도 행복할 것 같은데!"

차분한 성격의 동현이가 모처럼 들떠 보였다.

"오호~, 동현아, 너 천재야? 이제부터는 널 워런 버핏, 아니 동현 버핏이라고 불러 줄게!"

"역시나 적립식 투자가 최고의 투자 방법이구나! 동현아, 설명 고마워."

친구들은 동현이를 칭찬하기 바빴다. 그때 팔짱을 끼고 조용히 동현이의 설명을 듣고 있던 친구가 끼어들었다.

"동현아, 너의 설명에는 두 가지 허점이 있어."

동현이의 라이벌 현지였다. 논리적이고 똑똑한 현지였기에 동현이도 긴장했다. 이번에는 현지가 칠판 앞에 서서 그림을 그리기 시작했다.

"첫 번째, 10만 원이었던 삼성전자 주식이 5만 원까지만 떨어지면 그나마 다행이지. 만약 4만 원, 3만 원까지 떨어지면 어쩌지? 그리고 동현이가 그린 그래프처럼 U자형으로 주가가 다시 올라가면 다행이지만, 그렇지 않고 계속 바닥으로 내려간다면?"

현지는 그래프의 가장 낮은 부분을 손으로 가리켰다.

"아마 실제 이런 일들이 벌어지면 불안해서 투자도 못 하고 잠도 제대로 못 잘걸?"

동현이는 생각에 잠긴 채 현지가 그린 그래프를 응시했다.

"두 번째, 동현이의 설명을 듣고 너희들이 적립식 투자가 무조건 좋다고 느낀 것 같은데 꼭 그런 것도 아니야!"

현지는 동현이와 아이들을 차분한 시선으로 둘러보았다.

"투자금으로 100만 원이 있었는데, 어떤 일이 생길지 몰라서 삼성전자 주식을 10만 원어치만 샀다고 해 볼게. 그런데 아까와는 반대로 삼성전자에 좋은 일이 생겨서 주가가 급하게 오른 거야. 그러면 기분이 어떨 것 같아?"

나은이가 곧바로 대답했다.

"오, 주가가 오르니 좋은 일 아니야?"

"주가가 올라서 좋을 수 있는데… 적립식 투자를 하느라 우리는 주식을 10만 원어치밖에 못 샀잖아. 그래서 주가가 올랐는데도 큰돈을 못 번 거지. 만약 100만 원을 한 번에 투자했다면 어땠을까?"

현지의 말에 뭔가 크게 깨달은 듯 친구들의 표정이 바뀌었다.

"아, 10만 원을 투자했을 때보다 10배 더 많은 돈을 벌 수 있었겠네!"

현지의 설명을 흐뭇하게 지켜보던 선생님이 등장했다.

"다들 우리에게 열정적으로 설명을 해 준 동현이와 현지에게 박수!"

"와~!"

친구들이 모두 힘껏 박수를 쳤다.

"참고로 큰돈을 한 번에 투자하는 방법을 ==거치식 투자==라고 한단다."

'거치?' 강호는 순간 스마트폰 거치대를 떠올렸다. '아하, 이렇게 생각하면 되겠네. 한 번에 큰돈을 거치대에 놓아둔다!'

적립식 투자에 대한 설명을 들었을 때만 해도 강호는 적립식 투자가 최고의 투자 방법이라고 생각했다. 그러나 거치식 투자까지 알고 나니 생각이 달라졌다. 반 친구들 모두 어떤 상황이 펼쳐지느냐에 따라 적립식 투자가 유리할 수도, 거치식 투자가 유리할 수도 있다는 점을 깨닫게 되었다.

"이제 여러분이 투자하고 있는 기업에 얼마의 돈을 어떤 방법으로 투자할지 정해 볼까?"

친구들이 투자를 위해 정해야 할 것들은 점점 많아지고 있었다. 투자할 회사를 정한 뒤 얼마의 돈을 투자할지, 어떤 전략으로 투자할지도 정해야 했다. 거치식 투자냐, 적립식 투자냐, 그것이 문제로다!

"요즘 내가 투자하고 있는 기업은 분위기가 좀 안 좋은 것 같아. 아주 조금씩 나눠 투자하면서 지켜봐야겠어!"

로블록스와 SM엔터테인먼트처럼 최근 주가 움직임이 불안한 회사에 투자한 친구들은 적립식 투자 전략을 선택했다. 그리고 애플과 현대자동차같이 최근 주가 움직임이 좋은 회사에 투자한 친구들은 거치식으로 좀 더 큰 금액을 투자했다.

    과연 우리 반 친구들의 투자 인생은 앞으로 어떻게 흘러가게 될까?

실적과 주가를 조작할 수도 있다고요?

강호와 친구들의 '좌충우돌 투자 이야기' 잘 보고 있나요? 아이들에게 투자란… 참 쉽지 않을 거예요. 그런데 어른들에게도 투자는 결코 쉽지 않답니다.

삼성전자, 애플처럼 특정 회사의 주식에 투자하는 것을 <mark>개별 주식 투자</mark>라고 합니다. 이런 개별 주식 투자는 투자 기업과 투자 시기를 잘 선택하면 큰 수익을 얻을 수 있어요.

하지만 여러분과 선생님 같은 일반인들에게는 조금 어려운 투자 방법입니다. 아무래도 일반인들은 기업의 상태를 면밀하게 분석하고 예기치 못한 상황에 대비하기가 어렵기 때문이지요. 갑자기 SM엔터테인먼트 소속 아이돌에게 무슨 일이 일어날지, 로블록스의 실적이 안 좋을지 어떻게 미리 알겠어요!

그러면 개별 주식 투자가 어려운 이유를 조금 더 알아볼까요?

분식 회계

여러분이 아침에 학교에 가려고 세수를 하고 거울을 봤는데… 헉, 얼굴에 뾰루지나 여드름이 나 있는 거예요! 그걸 보며 패치를 붙이거나 화장을 해서 가리고 싶다는 생각을 한 친구들이 있을 거예요. 그리고 이건 당연히 불법이 아닙니다!

그런데 이런 생각을 가끔 기업들도 한답니다. 어머나, 기업들이 화장을 한다? 네, 놀랍게도 기업도 화장을 합니다. 다만, 기업이 하는 화장은 우리가 하는 것과 달라요.

우선, 앞에서 기업들이 보통 3개월에 한 번씩 실적을 발표한다고 했던 거 기억하죠? 어떤 기업이 실적을 발표하려고 보니 상황이 너무 안 좋은 거예요. 돈을 못 번 거죠.

'우리 회사가 돈을 많이 못 벌었네? 어떻게 하지? 흠, 이걸 숨기고 싶은데….'

얼굴에 난 뾰루지나 여드름을 패치나 화장으로 가리는 것처럼, 100억 원밖에 못 벌었는데 1천억 원을 벌었다는 거짓말로 나쁜 실적을 숨길 수 있겠죠.

이렇게 기업이 실제보다 돈을 더 많이 번 것처럼, 더 많은 자산을 가진 것처럼 화장(분칠)하는 것을 분식 회계 라고 합니다. '분식(粉飾)'은 '화장하여 꾸미다.'라는 뜻이랍니다.

삼성전자, 애플 같은 개별 회사의 주식에 투자하는 게 어려운 이유 중 하나가 바로 분식 회계입니다. 아~주 드물게 실적을 조작하는 기업들이 있기 때문이에요.

 이렇게 분식 회계를 하다 걸리면 그 회사의 주가는 폭락합니다. 그리고 분식 회계를 한 기업은 주식 투자자들에게 큰 피해를 주었기 때문에 무거운 처벌을 받는답니다.

주가 조작

 분식 회계 말고도 또 다른 위험이 있어요. 바로 주가 조작입니다. 주식의 가격, 주가를 '조작'할 수 있다니, 놀랍지요?

 예를 들어 선생님이 A라는 회사의 주식을 미리 잔뜩 샀어요. 그리고 A회사가 '신기술을 개발했다.', '좋은 소식이 많다.'는 거짓 정보를 퍼뜨리는 거예요.
 그런 정보들을 믿은 사람들이 A회사의 주식을 사려고 몰려든다면 어떻게 될까요? A회사의 주가는 오르기 시작할 거예요. 그리고 주가가 올랐으니 A회사 주식을 싼 가격에 미리 사 둔 선생님은 그 주식을 팔아 이득을 볼 수 있겠죠!
 하지만 거짓 정보는 들키기 마련이에요. 들키면 A회사의 주가는 당연히 떨어질 거예요. 그러면 거짓 정보를 믿고 투자한 사람들은 손해를 볼 수밖에 없어요.

이처럼 주가를 인위적으로 끌어올리거나 내리는 것을 **주가 조작**이라고 합니다.

주식 투자에서는 분식 회계나 주가 조작 등 우리가 예측할 수 없는 일들이 일어나곤 합니다. 그래서 워런 버핏 할아버지도 '투자는 간단하지만 쉽지 않다.'고 했나 봐요. 열심히 공부하고 준비해도 투자는 참… 어려운 일이랍니다!

우리 반 나이 28세, 경제 공동체의 탄생!

어느새 햇볕이 뜨거워진 6월, 여름이 시작되었다. 대학교를 졸업한 친구들은 스물여덟 살이 되었고, 기다리던 주사위를 던질 시간이 다가왔다.

"내가 한 달 동안 경제 관련 책을 네 권이나 읽고 독후감 쓰느라 얼마나 힘들었는데!"

지난달 대학교 입학 선택을 앞두고 선생님이 말씀하신 대로 경제와 돈에 관련된 책을 네 권 읽고 독후감을 쓴 친구들은 주사위를 던져서 나온 숫자에 따라 매주 대학교 보너스를 받을 예정이었다. 주사위 숫자가 6이 나오면 은퇴할 때까지 매주 6만 원씩 더 받고, 1이 나오면 매주 1만 원씩 더 받는 식이었다.

"보너스는 12월, 너희가 쉰여덟 살이 되어 은퇴할 때까지 받을 수 있으니 모두의 행운을 빌게!"

"제발 주사위가 6 나와서 매주 6만 원씩 더 받으면 좋겠다!"

등록금을 내고 대학교에 다닌 친구들은 모두 높은 주사위 숫자가 나오길 바랐다.

"난 강호가 주사위를 던져서 1이 나오면 좋겠어! 남이 잘되는 건 배 아파서 못 봐주겠다니까!"

"뭐? 안 돼! 귀한 시간과 돈을 투자했는데!!"

대학교 보너스를 받기로 한 친구들은 떨리는 마음으로 한 명씩 주사위를 던졌다. 그리고 주사위 숫자가 나올 때마다 희비가 엇갈렸다.

드디어 동현이의 차례가 되었다. 동현이는 떨리는 마음으로 주사위를 던졌다.

"아자!"

"와!!"

동현이의 주사위가 5에서 멈추자 아이들이 환호했다.

"6은 아니지만 5도 만족스러워요! 그러면 우리 반 나이로 쉰여덟 살이 되는 12월까지 저는 매주 5만 원씩 더 받는 거 맞죠?"

"맞아! 축하한다, 동현아."

모두 동현이를 부러워하는 눈빛으로 쳐다보았다. 대학교를 가지 않은 친구들 중에는 후회하는 경우도 있었다.

"매주 5만 원씩 더 받다니…. 동현이가 너무 부럽다."

"아, 나도 대학교 갈걸! 한 달 동안 책 네 권 읽는 게 그리 어려운 일도 아닌데…. 😢"

드디어 강호의 차례가 되었다.

"그래! 동현이도 5가 나왔으니까 제발, 부디부디 나도 높은 숫자 나와라!!"

강호는 눈을 꼭 감은 채 있는 힘껏 주사위를 던졌다. 주사위가 위로 올라갔다 바닥으로 떨어지는 순간이 이토록 길게 느껴진 적은 처음이었다.

"오오오~!"

"1!"

"와!!! ㅋㅋㅋㅋㅋ"

친구들이 모두 큰 소리로 웃었다.

"아싸!! 강호는 대학교도 졸업했는데 매주 1만 원씩밖에 더 못 받는다!"

"친구가 잘 안 되는 게 그렇게 좋니? 🙂"

"다른 친구가 너무 잘 되면 배 아파요, 히히."

강호를 놀리는 친구들도 있었지만 위로해 주는 친구들도 있었다.

"야, 매주 1만 원씩 더 받는 게 어디냐? 축하해!"

"축하해, 강호야~!"

"괜찮아, 강호야~! 지난번 말한 것처럼 경제 관련 책을 네 권이나 읽은 것 자체로 너한테는 큰 도움이 될 거야!"

"대출 금리가 낮아지면 이자도 적게 낼 테니까 괜찮을 거야."

강호는 기분이 조금 안 좋았지만, 친구들의 말을 듣고 보니 나름 의미 있는 경험이란 생각이 들었다. '교실에서 인생을 미리 살아 보며 대학교 진학에 대해 토론도 하고, 여러 이야기를 나눠 본 것만으로도 만족스러워! 대학교를 가느냐 마느냐보다 어떤 선택을 하든 최선을 다하는 게 중요하다는 걸 깨달았으니까.'

결혼, 팀전의 시작

"선생님! 6월이니까 우리 반 나이는 스물여덟 살이잖아요. 이번엔 무슨 이벤트가 있나요? 빨리 알고 싶어요!"

강호는 궁금하고 설레는 마음에 조급하게 물었다.

"하하하! 이제는 한 달에 다섯 살씩 나이를 먹는 데 익숙해졌구나? 우리가 처음 만난 게 엊그제 같은데 벌써 6월이라니, 진짜 빠르지?"

"시간이 생각보다 엄청 빨리 흘러서 마음이 급해요! 12월에 쉰여덟 살이 되면 은퇴한다니까, 그 전에 철저하게 노후 대비를 해야겠어요!"

"아~주 훌륭합니다. 자, 스물여덟 살이 된 여러분을 기다리고 있는 이벤트는 바로… 결혼이란다!"

"결혼이요?"

결혼이라는 말에 친구들은 4월의 군 입대 만큼이나 놀란 표정을 지었다.

"깜짝 놀랐지? 너무 깊게 생각하진 말고, 우리 반에서 인생 게임을 같이 할 팀원을 찾는다고 생각하면 좋겠어. 여러분이 즐겨 하는 게임에도 팀전이 있잖아? 그처럼 게임을 함께할 팀원을 찾는 거야. 그러니까 남학생과 남학생, 여학생과 여학생끼리 같은 팀을 만들어도 괜찮단다!"

아이들은 처음엔 당황했지만, 팀원을 선택한다고 생각하니 이해가 쉬웠다. 강호는 곰곰이 생각에 잠겼다. '지난달 대학교 진학 이벤트처럼 내가 얻는 것과 잃는 것 들을 잘 따져 봐야겠어!'

"선생님! 결혼을 하면 어떤 혜택이 있나요?"

"강호가 좋은 질문을 했구나. 이번 결혼 이벤트의 규칙은 너희들이 정하는 게 어때? 결혼했을 때의 혜택과 불이익 같은 것들도 함께 이야기해 보자."

많은 친구가 결혼 규칙에 대한 의견을 냈다.

"음… 결혼한 친구들은 고정지출을 좀 깎아 주는 게 어때? 같이 살면 주거비나 식비를 아낄 수 있잖아."

"오, 그러네! 좋은데?"

"그리고 한 달에 한 번씩 자리 바꿀 때 둘이 같이 앉을 수 있게 해 주자!"

"응? 그렇지만 매달 같이 앉게 하는 건 좀…."

"차라리 같이 앉을 수 있는 확률을 높여 주는 게 더 좋을 것 같아!"

"결혼한 친구들은 다른 친구들한테서 축의금을 받을 수 있도록 하자."

결혼에 관심 없던 아이들도 결혼하면 받게 될 혜택들에 귀가 솔깃해졌다. 모두가 행복 회로를 돌리고 있을 때, 숫자와 현실에 밝은 현지가 끼어들었다.

"결혼식 비용은 어떻게 할까? 이번에 삼촌이 결혼하는데, 결혼식장을 예약하고 사진 찍는 것만으로도 엄청 많은 돈을 쓰셨대!"

"결혼식 비용? 그것까진 생각 안 해 봤는데…."

"에이~, 그래도 너무 비싸게는 하지 말자! 요즘은 스몰 웨딩도 많이 하던데, 이것저것 불필요한 순서들은 줄여서 작게 결혼식을 올리면 되지."

"그래, 그러자! 음, 결혼식 비용은 30만 원 정도?"

"응!"

가상 결혼이지만 친구들끼리 재미있게 규칙을 하나둘 만들어 갔다.

"오, 참신한 규칙이 많은데? 그런데 너무 좋은 점들만 있는 것 같아. 불이익 같은 것도 만들어야 균형이 맞지 않을까? 뭐든 균형이 맞아야 재미있는 법!"

선생님은 결혼의 불이익도 생각해 보라고 말했다.

"아, 좋은 생각이 떠올랐어! 우리가 수학 숙제를 안 해 오면 벌금을 내잖아? 그러니까 내 배우자가 숙제를 안 해 오면 같이 벌금을 내는 거야. 어때?"

"앗, 그건 너무한 거 같은데?"

자신은 숙제를 했더라도 배우자 때문에 벌금을 함께 내야 한다는 제안에 친구들이 술렁거렸다.

"아니, 재밌을 것 같아! 아까 선생님이 결혼은 인생 게임에 팀전으로 참가하는 거라고 했잖아. 같은 팀이니까 숙제 안 했을 때 같이 벌금을 내는 정도는 괜찮은 것 같아."

"오케이! 팀전이니까 벌금도 같이 내는 걸로 하자!"

벌금을 함께 내는 규칙이 정해지자 평소 숙제를 자주 안 해 오던 친구들은 살짝 양심에 찔렸다. 강호도 마찬가지였다. '평소 숙제도 잘 해 오고 이미지 관리도 좀 해 놓을걸. 같은 팀 하자고 했는데 아무도 나랑 같이 안 한다고 하면 어쩌지?'

"마지막으로, 또 다른 규칙은 없을까?"

"아, 그거 어때? 우리 반 인생 게임에서 11월까지만 돈을 벌 수 있다고 했던 것 기억해?"

"응! 12월에 쉰여덟 살이 되면 은퇴하고 그동안 모아 놓은 돈으로 살아야 하잖아."

"그래서 말인데, 은퇴했을 때 함께 돈을 관리할 수 있도록 하면 어떨까? 만약 내가 돈이 부족하면 배우자한테 도움을 받을 수 있는 거지."

"아, 노후 대비를 같이 할 수 있게 하자는 거구나. 좋은데?"

친구들끼리 이야기하다 보니 어느새 결혼 규칙이 뚝딱 완성되었다.

결혼 후 부부에게 적용되는 규칙

1. 돈과 관련된 중요한 내용들은 부부가 함께 결정
2. 12월 은퇴 후에는 배우자의 돈을 함께 쓰는 일 가능
3. 고정지출 매달 3만 원 할인
4. 한 달에 한 번 자리 배정 시, 부부가 옆자리에 앉는 확률 높임
5. 배우자가 지각하거나 숙제를 안 해 오면 벌금을 같이 내고 방과 후 함께 남아서 숙제도 도움

"여러분이 만든 규칙에는 현실이 아주 잘 반영되어 있구나. 결혼을 하게 되면 이 규칙들처럼 돈을 함께 관리하고 중요한 경제

적 결정을 함께 내린단다. 집이나 차를 사거나, 주식에 투자하는 것 같은 일들 말이지. 이를 경제 공동체 라고 해."

"맞아요! 생각해 보니까 엄마랑 아빠가 돈과 관련된 중요한 결정을 내릴 때 함께 많은 이야기를 나누시더라고요!"

"만약 내가 결혼했는데 배우자가 열심히 하지 않거나 상의 없이 혼자서 중요한 결정을 내리면 화가 날 것 같아요!"

"결혼을 통해 경제 공동체가 되었으니, 서로에게 책임감 있는 모습을 보여 줘야겠지? 같은 목표를 향해 함께 노력하는 것이야말로 진정한 팀이니까!"

새로운 경제 공동체의 탄생

"이제 시간을 줄 테니까 인생 게임을 함께할 팀원을 찾아보자! 그리고 반드시 결혼을 해야 하는 건 아니니까 편하게 생각하렴."

자신과 인생 게임을 함께할 팀원을 찾아 움직이는 친구들도 있었고, 그 과정을 구경하는 친구들도 있었다.

"정현아, 나랑 결혼하자!"

나은이가 자신의 단짝에게 말했다.

"그래, 좋아!"

"재밌겠다, 흐흐."

"어? 잠깐, 나은이 너 통장에 얼마 있어?"

"갑자기 그건 왜?"

"결혼은 인생 게임을 같이할 팀원을 찾는 거라고 배웠잖아! 지금까지 네가 얼마나 돈 관리를 잘해 왔는지 확인해야 하지 않겠니?"

"야! 그런 것 말고 우리의 사랑과 우정만 보라고!"

그러자 주변에 있던 친구들이 모두 크게 웃었다. 간혹 남학생과 여학생이 한 팀이 될 때도 있었다. 강호도 고민에 빠졌다. '팀을 만들어서 인생 게임에 참여하면 더 재밌을 것 같아. 그리고 혼자보다는 둘이 유리할 것 같은데…. 단짝인 동현이한테 한번 말해 볼까?'

강호가 동현이를 바라봤지만 이미 동현이 주위에는 친구들이 많이 모여 있었다.

"동현이는 평소 성실하고 똑똑하니까 같은 팀을 하면 좋을 것 같아!"

"투자 노트도 열심히 쓰고, 통장 쪼개기도 열심히 하니까 돈도 많이 모았을 거야, 흐흐."

친구들의 결혼 신청이 밀려들자 동현이는 고민이 깊어졌다. '단짝인 강호랑 맨날 축구도 같이하고 마라탕도 같이 먹었는데…' 골똘히 생각에 잠겼던 동현이가 자리에서 일어났다.

"강호야! 나랑 같은 팀 할래?"

"근데 너랑 같은 팀 하고 싶은 애들이 이미 이렇게 많은데?"

"우리 깐부잖아! 그냥 서로 좋으면 하는 거지, 뭐!"

인기가 많은 동현이의 결혼 신청에 강호는 감동했다. 그런데 한편으론 걱정도 됐다.

"우리 팀이 잘될 수 있도록 노력할게, 동현아!"

"알겠어. 그럼 우리 같이 인생 게임을 잘해 보자!"

이렇게 해서 최종적으로 총 일곱 개의 경제 공동체가 만들어졌다. 평소 호감을 가지고 있었던 지윤이와 민서만 남녀 커플이었고, 나머지는 친한 친구들과 한 팀을 이뤘다.

"자, 결혼할 친구들은 앞으로 나와서 기념 촬영을 하자! 나머지 친구들은 결혼을 축하하러 온 하객 역할을 하자꾸나."

결혼식 후 달라진 교실 풍경

결혼 이벤트 이후, 강호네 반 학생들의 생활에 약간의 변화가 생겼다.

"나은아! 너 돈 좀 절약해!"

나은이와 결혼한 정현이가 말했다.

"이제 너의 돈은 너만의 돈이 아니라고! 우리는 팀이니까 함께 관리해야 해~. 앞으로 젤리는 일주일에 한 개만 사. 그리고 청소 면제권도 너무 많이 사지 말자."

정현이의 잔소리에 나은이가 머쓱하게 웃으며 대답했다.

"알겠어, 알겠다고~!"

결혼은 투자 활동에도 영향을 미쳤다. 목요일 주주 총회가 끝나고 금요일이 되자, 친구들은 여느 때처럼 이번 주에는 어디에 얼마를 투자하면 좋을지를 두고 고민하고 있었다. 그때 옆에서 갑자기 시끌벅적한 소리가 들렸다.

"야! 넌 나랑 결혼했으면서 이런 걸 혼자 결정하면 어떡해!"

지윤이와 민서 커플이었다. 지윤이는 삼성전자 팀, 민서는 로블록스 팀에 속해 있었다. 지윤이가 떨리는 목소리로 민서에게 질문했다.

"너 지금까지 로블록스에 얼마 투자했어?"

"3…."

민서가 머뭇거렸다.

"30만 원?"

"3… 300만 원…."

"300만 원?"

지윤이는 한 손으로 이마를 짚으며 두 눈을 꼭 감았다.

"아이고, 머리야…."

"히히…. 아니 아빠가 로블록스가 안전하다고 해서…. 지윤아, 너무 걱정하지마! 다 잘될 거야. ☺"

주변에서 지윤이와 민서의 대화를 지켜보던 친구들이 재밌다는 듯 웃었다.

"강호야, 우리는 어떻게 할까?"

동현이가 강호에게 물었다. 동현이는 현대자동차에, 강호는 삼성전자에 투자하고 있었다.

"음… 최근 기사들이나 주가가 움직이는 모습을 보면 현대자동차의 분위기가 좋은 것 같은데, 계속 현대자동차에 투자할까?"

"그러자! 다만 한 번에 너무 많이는 말고 조금씩 투자하면서 흐름을 지켜보자!"

결혼을 통해 경제 공동체가 된 강호와 동현이는 함께 소통하며 투자 결정을 했다. 친구들이 팀과 함께 조금씩 성장하는 모습을 보며 선생님이 멀리서 웃고 있었다.

상승률과 하락률

강호와 친구들의 인생 게임, 잘 따라오고 있나요? 어느덧 친구들이 군 입대, 대학교 입학과 졸업에 이어 결혼도 하고 주식 투자도 본격적으로 시작했습니다.

참, 주식 투자 이야기가 나와서 말인데 주가가 '20퍼센트 상승했다.' 또는 '20퍼센트 하락했다.'라는 말을 들어 본 적 있나요? 주가가 아니더라도 어떤 물건의 가격이 '20퍼센트 상승했다.' 또는 '하락했다.' 같은 말을 들어 본 적 있을 거예요.

그렇다면 상승하거나 하락한 물건의 가격을 계산하는 수학적 방법이 있지 않을까요?

예를 들어, 삼성전자 주식 1주의 가격이 10만 원이었는데 하루 만에 10퍼센트가 상승했다고 해 볼게요.

$$10만\ 원 \times 10\% = 10만\ 원 \times \frac{10}{100} = 1만\ 원$$

10만 원의 10퍼센트인 1만 원만큼 상승했네요. 그래서 주가는 원래 가격인 10만 원에 오른 1만 원을 더한 11만 원이 됩니다.

이번엔 반대로 삼성전자 주가가 10만 원에서 하루 만에 20퍼센트 하락했다고 가정해 볼게요.

$$10만 원 \times 20\% = 10만 원 \times \frac{20}{100} = 2만 원$$

10만 원의 20퍼센트인 2만 원만큼 하락했어요. 그래서 주가는 원래 가격인 10만 원에서 떨어진 2만 원을 뺀 8만 원입니다.

주가의 상승률, 하락률 이야기를 보고 혹시 여러분이 걱정할까 봐 알려 드리는데, 우리나라 주식 시장인 코스피와 코스닥에서는 하루에 최대로 상승하거나 하락할 수 있는 폭이 30퍼센트로 정해져 있답니다. 그래서 하루 주가 상승률과 하락률은 30퍼센트를 넘을 수 없어요. 반면에 세계 최대 주식 시장인 미국에는 이런 제한이 없답니다.

이제 강호와 친구들이 또 어떤 인생 게임에 참여하는지 함께 지켜보러 가요!

투자는 참 쉽지 않구나

어느덧 1학기가 끝났다. 강호와 친구들은 특별한 담임선생님을 만나 군 입대, 대학교 입학과 졸업, 결혼 같은 인생 게임도 하고 투자 경험도 쌓았다. 그리고 오늘은 1학기 모의 투자 결과를 발표하는 날이었다.

"오늘 선생님이랑 짜장면 데이트 할 사람 발표한다고 했지?"

"응! 주식 투자해서 돈을 많이 번 순서대로 1등, 12등, 꼴등을 뽑는다고 하셨어."

다들 모의 투자 결과 발표를 기다리고 있었다.

"이제 모의 투자 결과를 발표해 볼까?"

"두구두구두구두구!"

친구들이 책상을 손으로 두드리기 시작했다.

"1등은 애플 팀 나은이!"

"야호~! 얘들아, 내가 1등이야!"

나은이는 의자에서 벌떡 일어나 깡충깡충 뛰었다.

"부럽다아~."

"축하해!"

"12등은 현대자동차 팀 동현이, 23등은 로블록스 팀 민서."

짜장면 데이트의 주인공이 나올 때마다 아이들의 환호와 탄식이 동시에 터져 나왔다. 1등만 짜장면을 먹을 수 있는 게 아니라 12등과 23등 친구에게도 기회가 있어서 투자하는 동안 스릴 있고 재미있었다.

안전한 투자를 위하여

"1학기 모의 투자가 끝났는데, 누가 소감을 발표해 볼까?"

인생 게임 모의 투자에서 1등을 한 나은이가 손을 들었다.

"제가 어디서 봤는데 꾸준하게 공부하고 분석한 내용을 바탕으로 투자하면 괜찮지만, 공부 없이 그냥 오를 것 같아서 투자하는 건 도박이랑 똑같다고 했어요. 애플이라는 기업이 시가 총액도 전 세계 1등이고 돈도 잘 번다는 걸 알고 투자했지만, 투자하는 내내 조금 불안하긴 했어요. 내 돈이 들어가니까 별생각이 다들더라고요. '아, 애플이 망하면 어떡하지?', '갑자기 새로운 경쟁자가 나타나면 어쩌지?'"

꼴등을 한 민서도 이야기했다.

"부모님이랑 투자할 기업을 정할 때, 내가 많이 사용하는 제품이나 서비스를 만드는 회사에 투자하라는 말을 들었어요. 그래서 그 말만 믿고 로블록스라는 게임 회사에 투자했는데 꼴등을 했네요. 분명 아빠가 안전하다고 했는데! 앞으로는 남의 말만 듣고 투자하지 않고 더 자세히 알아보고 투자하려고요."

아빠가 추천했던 로블록스에 투자했다가 주가가 마이너스(-) 40퍼센트까지 떨어졌던 경험을 한 민서였다.

"여러분 모두 맘고생이 컸구나? 아쉽게도 현재 우리나라는 학교에서 금융이나 투자에 대해 공부할 기회가 많지 않단다. 그래서 주식 투자로 쉽게 큰돈을 벌 수 있다는 말에 속아 한 번에 많은 돈을 잃는 경우가 종종 있어. 선생님은 너희가 비록 학급 화폐지만 돈을 잃는 경험을 통해 투자가 쉽지 않다는 사실을 깨닫게 되어 너무 다행이다 싶어."

"정말 너무해요, 선생님!"

말로는 투덜거렸지만 아이들은 신난 표정이었다.

"선생님! 2학기 때 모의 투자를 한 번 더 하면 좋겠어요."

"좋아! 2학기 때는 조금이라도 더 안전하게 투자하는 전략을 배워 보도록 하자."

강호는 순간 고개를 갸웃했다. '전략? 또다른 투자 전략이 있나?'

"선생님! 2학기 때도 투자 결과에 따라 짜장면 사 주실 거죠?"

1학기 짜장면 데이트에 뽑히지 못한 친구들의 얼굴에 간절함이 담겨 있었다.

"그럴까?"

이렇게 열세 살 친구들의 인생 게임 전반전이 마무리되었다. 과연 후반전에는 어떤 일들이 친구들을 기다리고 있을까?

국민연금, ETF...
2학기엔 더 엄청난 것들이 기다리고 있다!

투자할 땐 편향을 조심해야 해요!

여러분은 혹시 '편식'이 무엇인지 알고 있나요?
사전을 찾아보니 이렇게 나와 있네요!
'어떤 특정한 음식만을 가려서 즐겨 먹음.'

그럼 편식은 몸에 좋을까요?
당연히 아니죠! 여러분의 몸이 건강하고 균형 있게 성장하는 것을 방해하니까요.

투자의 세계에서도 여러분의 건강한 투자를 방해하는 것이 있답니다. 어른들은 그걸 편향이라고 불러요. '한쪽으로 치우침.'이라는 뜻입니다. 여러분이 잘못된 선택을 하도록 방해하는 함정이라고 이해하면 돼요!

그런데 이런 편향은 강호와 친구들이 투자할 기업을 선택할 때도 나타났답니다. 하나씩 살펴볼까요?

현지가 모의 투자를 하면서 이런 말을 했어요.

 "최근 전 세계적으로 한류 열풍이 불면서 K-POP에 대한 관심이 뜨겁다고 들었어. 분명 SM엔터테인먼트에 투자하면 무조건 좋은 결과가 있을 거라고 확신해!"

현지는 수학을 좋아하는 차분하고 논리적인 친구입니다. 그런 현지가 'SM엔터테인먼트에 투자하면 무조건 좋은 결과가 있을 거라고 확신해.' 라고 말했어요.

그런데 '무조건'이라니! 소중한 돈을 투자하기 전에 어느 정도 확신을 갖는 것은 중요하지만… 뭔가 조금 과해 보이지 않나요? 게다가 SM엔터테인먼트 소속 아이돌이 새로운 소속사로 이적하면서 투자 결과도 그리 좋지 않았습니다.

이처럼 어떤 결정을 내릴 때 자기 자신을 너무 믿고 능력을 과대평가하는 것을 과잉 확신 편향이라고 합니다. 확신이 나쁜 것은 아니지만 자신의 능력을 과대평가하는 것은 위험할 수 있겠죠? 인생뿐만 아니라 투자의 세계에서는 어떤 일도 일어날 수 있으니까요.

이번엔 강호가 했던 생각을 살펴볼게요.

 강호도 삼성전자 팀에 들어갔다. 애플이 전 세계 시가 총액 1위라는 사실에 살짝 끌렸지만, 왠지 모르게 우리나라 기업인 삼성전자가 더 친숙하게 느껴졌기 때문이다.

강호도 어떤 기업에 투자할지 결정할 때 고민을 많이 했지만, 우리나라 기업이 더 '친숙하게' 느껴져서 삼성전자에 투자했다고 했네요.

자기 나라의 기업에 투자하는 일이 나쁜 건 아니랍니다. 하지만 전문가들의 분석에 따르면 많은 어른들이 투자할 때 자기 나라의 몇몇 기업의 주식에만 집중해서 투자하는 경우가 많다고 해요. 내가 살고 있는 나라의 기업이고, 나름 잘 알고 있다고 생각하니 자기도 모르게 그 기업의 주식들만 사게 되는 겁니다. 마치 편식처럼요.

하지만 특정 나라의 주식에만 투자하는 것은 매우 위험해요. 그 나라의 경제가 위기에 빠지게 되면 그 나라 기업들의 주가가 다 같이 하락하는 경우가 많기 때문이죠. 그리고 어떤 나라가 잘 성장할지, 경제 위기를 맞을지 예측하기란 불가능에 가깝습니다. 이처럼 자기 나라에 높은 비중으로 투자하는 것을 자국 투자 편향 이라고 해요.

이제부터 여러분은 중요한 투자 결정을 내릴 때 꼭 스스로 이런 편향에 빠진 것은 아닌지 잘 생각해 보도록 합시다!

나가며

리얼 생존 금융 교육,
'13살의 노후 대비'

교사A : 선생님! 저희 이제 집 못 사요.

교사B : 네? 왜요?

교사A : 전 세계가 금리 내리고 돈 찍어 내서 모든 자산 가격이 오르고 있잖아요.

교사B : 예?! 그럼… 59타입이라도 어떻게 안 될까요?

교사A : 선생님, 정신 차리세요! 지금 동탄 59타입이 7억 원이에요….

유례없는 '코로나19' 위기 상황에 대응하기 위해 전 세계가 돈을 찍어 내던 시기에 십년지기 대학교 동기와 나눴던 통화 내용입니다. 주식, 부동산 등 거의 모든 자산 가격이 폭등했지만 20대 후반, 사회 초년생인 제가 할 수 있는 일은 거의 없었습니다.

그나마 주식 같은 금융 자산에 투자할 수 있었지만, 생각처럼 쉽지 않았습니다. 금융 지식은 책과 유튜브 등을 통해 습득한다지만 '경험'과 '심리'는 배울 수 없었기 때문입니다. 실시간으로 주식 가격이 움직이고, 계좌에 조금이라도 마이너스가 뜨면 어찌나 불안하던지….

그렇게 주식과 부동산 가격이 크게 오르는 동안, 지식과 경험, 심리 면에서 무지했던 저는 우왕좌왕하며 큰돈을 벌지 못했습니다. 그러다 문득 이런 생각이 들었습니다.

"금융 지식, 투자와 관련된 내용을 왜 공교육에서는 다루지 않는 걸까?"

곰곰이 생각해 보니, 제가 대학 수학 능력 시험을 볼 때 '경제' 과목을 선택해서 높은 점수를 받았더라고요. 하지만 교과서로 배운 경제 지식은 현실에서 실제 자산을 형성할 때 큰 도움이 되지 못했습니다.

결국 금융 관련 책과 동영상 들을 보면서 따로 공부해야 했습니다. 그러다 『화폐의 미래』, 『변화하는 세계 질서』, 『저스트. 킵. 바잉.』 등의 책에서 대가들이 입을 모아 이렇게 말한다는 사실을 깨달았죠.

- 자산 관리, 인플레이션 방어(투자), 노후 대비 등이 금융 교육의 목표다.
- 자산 관리와 노후 대비 같은 것들을 '고급 금융'이라 부른다.

- 국민 개개인이 잘사는 나라가 강한 나라다. 잘산다는 건 쓰는 돈보다 버는 돈이 많다는 것이다.

이를 통해 제 생각은 이렇게 발전했습니다.

"공교육에서 이런 내용의 '실전 금융'을 다룰 수는 없을까?"

만약 아이들이 초중고교 12년 동안 공교육에서 실제 재테크와 관련된 '금융 지식'을 미리 배우고, '교과서 속 배움'을 넘어 다양한 금융 실험과 모의 투자를 통해 '온몸으로 경험하고 체화'한다면 어떨까요? 그러면 '천천히 작은 부자' 정도는 될 수 있는 금융 역량(Financial Literacy)을 사회에 나가기 전에 공교육에서 습득할 수 있지 않을까요?

이러한 문제의식에서 출발해 '13살의 노후 대비'라는 금융 교육 커리큘럼을 기획하게 되었습니다.

"한 달에 다섯 살씩 나이를 먹으며 군 입대, 대학교 입학과 졸업, 결혼, 투자, 내 집 마련, 노후 대비, 은퇴 등 인생의 중요한 경제 이벤트를 교실 속에서 미리 경험한다. 그 과정에서 통장 쪼개기를 통한 자산 관리, 실제 주가를 반영한 모의 투자, 다양한 금융 실험 등을 경험하며 '금융 이해력'을 키운다."

저는 실제로 1년 동안 학급 학생들과 함께 교과 과정과 창의적 체험 활동, 아침 시간을 활용해서 꾸준히 금융 교육을 진행했습니다. 그사이 금융 전문가 홍춘욱 대표가 학급을 방문해 아이들과 특별한 만남을 가졌고, 두 차례에 걸쳐 강의를 진행해 주셨습니다. 강의 때 참석한 아이들은 이런 사고를 하고 질문을 했습니다.

> "유튜브에서 주식은 '위기에, 남들이 피눈물 흘릴 때 사야 한다.'고 하더라고요. 그런데 주식이 싸다는 기준이 뭔가요?" (PER, PBR, 배당 수익률 등 밸류에이션 관련 질문)
>
> "금리 변화와 상관없이 자산을 안정적으로 관리할 수 있는 방법이 있나요?" (자산 배분 전략 관련 질문)
>
> "국민연금이 아무리 투자를 잘해도, 저출산 고령화가 심각해지면 나중에는 월급에서 국민연금에 내는 돈이 더 커지지 않을까요?" (저출산 고령화에 따른 국민연금 관련 질문)
>
> "소득 상위 16퍼센트에 들지 않아도 자신의 삶은 성공했다고 느끼는 사람들이 있을 텐데, 박사님이 생각하시는 성공한 인생의 기준은 무엇인가요?" (금전적 성공과 인생의 상관관계 관련 질문)

그렇게 12월이 되자 저는 아이들의 눈부신 성장을 확인할 수 있었습니다. 차근차근 터득한 금융 지식을 바탕으로 점점 더 주체적으로 꿈을 키워 가는 아이들의 모습에 교사로서 크게 감격했고 뿌듯했습니다.

다음 '인생 게임 후반전'에서는 '인생 게임 전반전'을 무사히 통과한 강호와 친구들이 안전하게 결승점에 도착하기 위해 필요한 다채로운 이벤트들을 통해 좀 더 깊은 이야기를 해 볼까 합니다.

그럼 더욱 흥미진진할 '후반전'에서 다시 만나요!

부록

교과 연계표

1장	앞으로 인생에서 가장 중요한 세 가지	국어 6-1 (8) 인물의 삶을 찾아서
2장	세상에서 가장 위대한 투자는? 스스로에 대한 투자!	도덕 6-1 (1) 내 삶의 주인은 바로 나
3장	고정지출	실과 6-1 (1) 소중한 나의 가족
4장	통장 쪼개기	실과 5-1 (3) 나의 생활 자원 관리
5장	어느 은행에 돈을 맡겨야 할까요?(금리)	수학 6-1 (4) 비와 비율
6장	친구들과 함께하는 내 인생 첫 투자	국어 6-1 (4) 주장과 근거를 판단해요
7장	대학교 활동에서 토론하는 모습	국어 6-1 (4) 주장과 근거를 판단해요
7장	수익률	수학 6-1 (4) 비와 비율
10장	결혼과 경제적 공동체	실과 6-1 (1) 소중한 나의 가족
10장	상승률과 하락률	수학 6-1 (4) 비와 비율

그림 최현주

그림책 작가이자 다양한 책에 그림을 그리는 일러스트레이터입니다. 『남미영의 인성학교: 배려와 시민의식』, 『똑! 소리 나는 정치』, 『어린이 첫 영어 사전』, 『걱정 따위 방귀 뿡!』 등에 그림을 그렸습니다. 첫 번째 그림책 『일부러 기르고 있으니까』로 제28회 눈높이아동문학대전 그림책 부문 우수상을 수상했습니다. 『맙소사! 오늘부터?』는 작가가 쓰고 그린 두 번째 그림책입니다.

열세 살 인생 게임

초판 1쇄 인쇄 2025년 3월 10일
초판 1쇄 발행 2025년 3월 25일

지은이 김지환
그림 최현주
발행인 강선영·조민정
펴낸곳 ㈜앵글북스
디자인 강수진

주소 서울시 종로구 사직로8길 34 경희궁의 아침 3단지 오피스텔 407호
문의전화 02-6261-2015 **팩스** 02-6367-2020
메일 contact.anglebooks@gmail.com

ISBN 979-11-94451-11-2 (73300)
ⓒ 김지환, 2025

* 리틀에이는 ㈜앵글북스의 아동·청소년 브랜드입니다.
* 이 책은 저작권법에 의해 보호를 받는 저작물이므로 무단 전재와 복제를 금하며 책 내용의 전부 또는 일부를 사용하려면 반드시 저작권자와 ㈜앵글북스의 서면 동의를 받아야 합니다.
* 잘못된 책은 구입처에서 바꿔드립니다.

금융 전문가 아빠도 감탄한 '살아 있는 금융 수업'

초등학교 5학년이던 둘째 아이와 있었던 몇 년 전의 일화가 지금도 생생합니다. 우연히 만난 둘째와 그의 친구들에게 간식을 대접할 기회가 있었습니다. 아이들은 삼각김밥과 컵라면을 원해서 가까운 편의점으로 갔습니다.

이 아이들은 우리 집에 자주 놀러 와서 저와도 낯설지 않았습니다. 그중 한 아이가 저에게 어떤 일을 하는지 물었습니다. 저는 은행에 오래 다녔고, 투자 관련 책을 쓰거나 강의도 하며, 현재는 투자자문사에서 일하고 있다고 말했습니다. 초등학생들에게는 다소 딱딱한 주제라 대화가 이어지기 어렵겠다고 생각했는데, 예상이 빗나갔습니다.

"아저씨, 그럼 주식도 잘 아세요?" 한 아이가 물었습니다. 그래서 "초등학생도 주식 투자를 하니?"라고 물으니, 아이들은 "정말 많이 해요."라고 대답했습니다. 그 자리에서 함께 있던 아이들에게 어떤 종목을 갖고 있고, 왜 그 종목을 선택했는지 물어봤습니다. 한 아이는 아빠가 다니기 때문에 KT 주식을 갖고 있다고 했고, 다른 아이는 '우리나라 대표 주식'이라며 삼성전자에 투자했다고 했습니다. 그 외에도 유튜브에서 추천받아 샀다는 이름 모를 기업의 주식도 있었습니다. 수익을 내고 있다는 아이도 있었고, 손실을 보고 있다는 아이도 있었습니다. 심지어 같은 반에는 미국 상장 주식에 투자했다가 수백만 원의 손실을 본 아이도 있다고 했습니다.

아이들과 대화를 나눈 뒤, 저는 가능성과 안타까움을 동시에 느꼈습니다. '학교 공부만 잘하면 된다.'는 기존의 교육 방식에서 벗어나, 어린 나이에 금융을 접하고 스스로 투자 경험을 쌓는다는 점에서는 긍정적인 가능성을 엿볼 수 있었습니다. 하지만 반대로, 많은 아이들이 '투자'가 아닌 '투기'를 접하고 있다는 점에서는 몹시 안타까웠습니다.

같은 기업의 주식을 사고팔더라도 누군가는 '투자'이고, 다른 누군가는 '투기'일 수 있습니다. 투자와 투기는 모두 수익을 얻기 위한 활동이라는 공통점이 있지만, 그 과정과 방법에서 큰 차이가 있습니다. 투자는 장기적이고 지속적인 수익을 추구하며, 철저한 분석과 계획에 기반한 의사 결정을 요구합니다. 반면에 투기는 단기적인 시세 차익에 집중하며, 직감이나 유행에 의존하는 경우가 많습니다.

아이들과의 대화에서 느낀 안타까움은, 그들이 주식을 '투자'가 아닌 '투기'로 접하고 있다는 점이었습니다. 주식을 도박처럼 여기는 방식은 흡사 투기와 유사하기 때문입니다.

올바른 투자를 하려면 금융에 대한 기본적인 지식이 반드시 필요합니다. 그러나 우리나라의 공교육 체계에서는 일부 선택 과목으로 경제를 배울 수 있는 정도에 불과할 뿐입니다. 더욱이 경제(economics)와 금융(finance)은 엄연히 다른 분야입니다. 공교육에서는 실질적인 금융 지식을 배울 기회가 거의 없고, 체계적인 커리큘럼도 부족합니다.

이러한 한계를 극복하기 위해 교육 당국이 금융 교육을 의무화하거나 실생활 중심의 프로그램을 도입했으면 하는 마음이 굴뚝같지만 짧은 시일 내에 이뤄지긴 어려워 보입니다. 그러다 보니 여전히 우리 아이들은 부모 세대와 마찬가지로 체계적인 금융 교육을 받지 못한 상태로 성장하고 있습니다.

『열세 살 인생 게임』에는 위와 같은 현실을 개선하기 위해 현장의 교사가 직접 반 아이들을 대상으로 금융과 투자에 대해 가르쳐 온 경험과 내용이 녹아 있습니다. 돈에 대한 기본적인 이해에서부터 직업에 대한 고민, 공부의 필요성까지 자연스럽게 풀어냅니다. 이런 점들로 인해 학교 교육에서 부족한 금융 교육을 보완할 수 있는 실질적이고 효과적인 교재로 손색이 없습니다. 또한 아이들이 쉽게 이해할 수 있는 다양한 사례와 실용적인 조언을 통해 금융 지식과 투자 마인드를 자연스럽게 배울 수 있도록 구성되어 있습니다.

부디 이 책이 부모님과 아이들이 함께 올바른 금융 지식을 쌓는 데 중요한 가이드가 되길 바랍니다.

_김성일 · 업라이즈투자자문 연금·투자연구소장, 『마법의 연금 굴리기』 저자